U0127999

江西通史

晚清卷·中冊

目
錄

第五章｜江西的維新變革運動

第六章｜晚清統治在江西的終結

第四章 —

文化衝突與教案風波

　　十九世紀中後期，九江開埠，太平軍轉戰江西，教案風波等，是影響江西社會穩定與發展至關重要的三大事件。基督教傳入江西由來已久，相安無事時日多，至晚清，與江西民眾產生的糾紛層出不窮，引發諸多社會問題，極有必要專章敘述。

第一節 ▶ 洋教在江西的傳播與文化衝突

　　基督教是世界盛行的三大宗教之一。由於自身教義教規的演變，基督教一分為三，它們分別是東方正統教（簡稱東正教）、天主教和基督新教（在中國通稱耶穌教）。東正教在中國的傳播範圍主要在北方，天主教與基督新教主要在南方。基督教傳入中國的歷史，源遠流長，最早記錄的是在唐朝，當時稱景教，傳入江西最早的記錄是明朝，即一五九五年意大利神父利瑪竇、羅明堅來贛傳教。隨著中國歷代皇帝的多次禁教，基督教在中國的傳播及其影響是很有限的。特別是到了清代，雍正、乾隆、嘉慶等朝皆嚴行禁教，致使基督教在中國日見衰落，幾乎處於銷聲匿跡的境地。只是到了近代，隨著一個個不平等條約的簽訂，基督教在江西才得到迅猛的發展，並且與江西民眾乃至士紳，產生許許多多的衝撞和摩擦，釀成一個又一個的教案，給晚清江西社會帶來許多不平靜，成為晚清江西社會動盪的一大根源。

一　洋教在江西的傳播

　　鴉片戰爭的炮聲，打開了中國的閉關之門，一個個不平等條

約的簽訂，換來的是清朝皇帝對洋教一個個的弛教敕令。中英《南京條約》上承認：「耶穌、天主教，原是為善之道，自後有傳教者來到中國，一體保護」。[1]這給傳教士在華活動大開了方便之門。

・外國傳教士在江西內地修建的「天主堂」（1880年建）

一八四四年，中美《望廈條約》第十七款明文規定：「除了傳教士能在五口傳教外，還可以建立教堂」。[2]雖然只限於五口之內，但卻是近代基督教得以在中國公開建立教堂的開始。

法國眼見英美捷足先登，不斷獲得侵華特權，也不甘落後，強迫清政府簽訂《黃埔條約》。條約的第二十三款規定：法國人可在五口建立教堂，若遭毀壞，「地方官照例嚴拘重懲」。[3]

1　《中外舊約章彙編》，第1冊。
2　同1。
3　同1。

這三個條約的簽訂，傳教士都充當了參謀和翻譯。相對基督教而言，這是中國歷時二百年教禁解凍的開始。條約中雖然未載自由傳教，但西方傳教士普遍認為這是向中國公開傳教的「轉機」，是基督回生取得的第一個重大勝利，「是傳教中劃時代的新標誌」。[4]

就這樣，基督教由弛禁到允許在五口通商口岸建堂，由歸還舊址再到各省「建造自便」，一步一個特權，隨著一個個不平等條約的簽訂而得到實現，得到鞏固。至此，傳教士在晚清中國傳教的一切官方、法律上的障礙被排除了，中國的大門洞開了，通往內地傳教的道路也暢通了。於是，西方傳教士像決堤的潮水般湧入中國，憑藉特權，橫行中國，為爾後頻繁發生的教案埋下了伏筆。

在不平等條約的保護下，首先踏入江西領土的是法國天主教傳教士羅安當、方安之，時間是咸豐十一年十月（1861 年 11 月）。羅安當以法國總理江西天主教教務全權大臣身分，以清廷「歸還舊址」的敕令為令箭，從九江到南昌，向江西地方當局索還南昌府吳城鎮梅家巷、湯家園兩處舊堂，並要求賠償所禁毀的教產。[5] 事隔百餘年，舊址建有不少民房，教產也蕩然無存，「回收」糾紛很多。延至次年二月，在法國大使哥士耆的威脅下，在清政府的壓力下，江西地方當局不得不順其所請，歸還舊堂，允

4　賴德烈：《中國基督教傳教史》，第 232 頁。
5　王明倫：《反洋教書文揭帖選》，齊魯書社 1984 年版。

予擴建，任其自由傳教並妥加保護。傳教士在江西輕易取得第一回合的勝利，使得爾後英、美、意、德等國傳教士接踵而來，爭相侵蝕江西這塊「處女地」。

傳教士在要求歸還舊堂的同時，不斷擴建教堂，致江西省教堂林立，「一縣之中，教堂多者百數十所，少亦數十，尚在到處添設」。[6]到光緒末年（1908 年），據當時粗略統計，江西「各省廳、州、縣，天主、耶穌兩教，華式、洋式各教堂，共有三百數十處之多。」[7]各縣城、鄉鎮都有基督教的活動據點。

在江西傳播的洋教主要是天主教。天主教在江西設立的教會很多，有耶穌會、遣使會、方濟各會、巴黎外方傳教會、多明我會、多明我會女修會、聖心會、奧斯定會等等。基督新教在江西傳播的教會主要有：美以美會、美以美女修會、倫敦會、衛理公會、浸禮會、安息日會、循日會、聖公會、基督會、自立會、弟兄會、內地會等等。

二　文化衝突

基督教在江西的傳播，與中國文化和江西傳統習俗產生非常尖銳的衝突，主要表現在以下四個方面：

第一，多神崇拜與一神信仰的衝突。作為一種文化現象，宗教是民族文化心理的積存。不同的民族有著不同的宗教，不同的

6　汪鐘霖：《贛中寸牘》，光緒末年鉛印本。

7　《東方雜誌》1908 年第 2 期。

宗教有著不同的信仰。中國是一個泛神論的國家，傳統的敬天、祀孔、祭祖等多神崇拜由來已久，每座城鎮，每個鄉村，幾乎都有孔廟、宗祠和寺院（寺觀）。即使是幾十戶的小村，也必有一座祠堂，一所廟宇，供奉著祖先和觀音、關帝、財神等牌位；尤其是普通家庭中，更莫不有土地神、門神、灶神、祖先等神牌，再窮也應時按節地焚香燒楮，頂禮膜拜，隨時祈禱，求福、求壽、求雨、求晴、求子女、求太平等等，無一事不求神。多神崇拜習俗在中國代代相傳，根深柢固。而基督教只信仰上帝，強調一神論，擠壓中國泛神論，尤為中國人不能容忍的是，基督教憑藉種種特權，強奪巧取中國的祠廟、寺院及祖宗墳地，改建或修建成教堂，奪我聖地，製造禍端，勢必引起中國人民的反對。一八九七年，江西《永新縣闔邑保甲局議章知單》明確規定：「讀書人尤宜敦品立行，各遵聖道。如有叛道入（洋）教者，既已不認祖宗各族，理應不准入祠，即冠婚喪祭等事均宜嚴絕往來。」[8]

　　第二，等級觀念與平等思想的衝突。中國的等級觀念很嚴，「天地君親師」不能錯位，君臣父子夫婦，長幼有序，尊卑有別，若亂倫常，敗綱紀，則為「亂臣賊子，人人得而誅之」。[9]因為「無父無君，是為禽獸也」。[10]而基督教則認為：一切人都是上帝的子民，在上帝面前，人人平等，無高低貴賤之分，宣揚平

8　《教務教案檔》第 6 輯，第 1027 頁。
9　楊光先：《不得已》上卷。
10　《禮記·曲禮上》。

等思想，更有甚者，傳教士拜見中國皇帝，「無跪拜禮」，謂「皇上教主接見，先拜天主，次行平禮」，[11]自然是向君權挑戰，必然引起中國統治階級的恐慌和不滿。另外，基督教宣傳男女平等，婚姻自由，反對中國「男女有別」，父母包辦婚姻，男子納妾，女子纏足等。現在看來，這些思想是進步的，但在近代江西，由於自宋明以來受程朱理學束縛，思想比較僵化，怎麼也不理解這種「異端邪說」，群起斥責，防範也不敢少怠。

第三，關懷現實與追求來世的衝突。中國人非常重視現實，一言一行講究禮俗，注重教育，即所謂「人之初，性本善；苟不教，性乃遷」，「自天子以至庶人，一切皆以修身為本」，修身又以「慎獨」為要，只有「修身」到位，方能「齊家治國平天下」。也就是說，人生來都是善良的，人若有罪惡，也是後來「不教」後果，若能「慎獨」，注重「修身」，是人生至美，何來「罪惡」。而基督教主張原罪論，認為人生來就帶有罪惡，只有現世信仰上帝，懺悔孽債，多行善事，才能求得死後靈魂升入天堂。為此，勸導人們順從忍讓，一切為了來世的天堂、理想的彼岸，以此衝擊士大夫的「經世致用」哲學，麻醉中國人的鬥爭精神，達到其宗教侵略的目的。

第四，傳統秩序與宗教慈善的衝突。基督教傳入中國後，為擴大上帝的影響，傳播耶穌的「仁愛」，在教會下廣泛設育嬰堂、施粥場、學校、醫院等慈善事業。這些慈善事業的運營，擾

11　王炳燮《毋自欺室集》第六卷，第6頁。

亂了中國封建傳統秩序，引發了許多節外生枝的麻煩。

就施粥場而言，有收買人心、有損聖恩的嫌疑；就學校而言，搶奪了中國士紳們壟斷教壇的專利，正如美國學者所指出的那樣：「教會建立富麗堂皇的教堂，開設學校和孤兒院的做法，也是對傳統壟斷這類公共福利和慈善事業的鄉紳們的挑戰」；[12] 就育嬰堂而言，它是引發教案的雷區。中國老百姓一直重男輕女，女嬰一出世，往往因家境貧寒撫養不起而遺棄，或因病體孱弱醫治不起而割愛。基督教創設育嬰堂和醫院，專門收養這些棄嬰或病嬰，並時常動員人們送嬰入堂，甚或收買一些嬰孩。法教士史式微（1866-1937）在《江南傳教史》多卷本中，許多篇章論述育嬰問題，盛讚教士和貞女們為育嬰事業所做出的勞苦和奉獻，同時，另一個側面也道出了傳教士追求育嬰付洗的數字，是為了在教會中向上邀功和募捐大量款項。而中國人對教會育嬰甚感迷惑，百思不解。尤其是當發現育嬰堂嬰兒死亡時，各種各樣的猜測疑竇驟然而生，謠言四起，說「育嬰堂等為食小兒肉而設」，「將嬰兒和貧苦病人當作試驗品」，[13] 等等說法，直接釀成一八六二年的南昌教案、一八六八年的揚州教案和一八七〇年的天津教案。

法國學者研究中西文化衝突原因時，認為「這主要是因為中國文人對基督教的誤解。他們把天主教傳教會的禮拜儀式、聖

---

12 《義和團運動史討論文集》，第 533 頁。
13 《清季教案史料》，第 5 頁。

像、聖牌和聖水，統統說成是用來誘惑人的巫術和迷信之類的東西。當傳教士聽信教婦女做懺悔時，就有人懷疑這是在引誘婦女。因為，中國社會從不允許男人和女人祕密或公開地會面和交談。此外，諸如給重病患者終傳和生命垂危的兒童行洗禮一類的聖事，也曾引出這樣一些可笑的傳說：歐洲傳教士和中國教徒是想挖取病人和受洗兒童的眼睛。英國漢學家修中誠曾在書中寫道：『傳說中國人的黑眼睛可以入藥，並且療效最佳，甚至這種眼睛可以變鉛為白銀等等。雖說這僅是謠傳，但相信這類傳說的人卻很多，就連一些受過教育的中國人也不例外』……這些嚴重的誤解和猜疑，使傳教事業遭到了指控、誹謗和憤恨」。[14]顯然，西方有的學者在這個方面，是戴著有色眼鏡的。而意大利天主教徒薄伽丘在《十日談》一書中卻坦誠基督教會醜陋、虛偽、欺騙等「漆黑一團的真面目」。《十日談》雖不說是一部信史，但書中所列故事卻是基督教現實的真實寫照，只不過有點藝術加工、文學色彩而已，因為作者薄伽丘本人就是天主教徒，相信他是不會也不願平白無故給自己信仰的宗教抹黑的。文化的衝突並不是一代人，一個時期、一個方面的事，而主要是文化內涵、文化體系以及文化社會地位的競爭，它必然與政治相關聯，與習俗共一體。

江西自宋明以來，成為中國傳統文化一個非常穩固的根據地。江西重正統和道德，不管王朝如何更替，江西可「傳檄而

14　（法）衛青心：《法國對華傳教政策》上卷，第20頁。

定」,「不勞干戈而向服」,從不構成朝廷大患。[15]江西地處「南有五嶺,東有武夷,西有羅霄武功諸山,北臨長江」,形成一個三面高、一面低的「簸箕形」的地理單元,具有相對的獨立性和封閉性。然江西學風之盛,居宋明之甲。宋代江西人好學重義,為時尚美談。洪邁以自身考察體驗,在《容齋四筆》內這樣描述江西人好學之風:「冠帶《詩》《書》,翕然大肆,人才之盛,遂甲於天下。江南既為天下甲,而饒人喜事,又甲於江南。蓋饒之為州,壤土肥而養生之物多,其民家富而戶羨,蓄百金者不在富人之列,又寬平無事之際,而天性好善,為父兄者,以其子與弟不文為咎;為母妻者,以其子與夫不學為辱。其美如此。」明朝江西,學風久盛不衰,人才層出不窮,甚得傳統文化精髓。黃宗羲《明儒學案》羅列明儒凡兩百〇七人,其中江西五十四人,占四分之一強,居全國各省之首。

江西崇儒好學之風,一直延續到晚清,「崇名教而修身慎行,紹文獻而接武聯鑣;市井多儒雅之風,田野無靡麗之習」,[16]已經形成儒道文化築起的堅固堡壘,非基督教文化一朝一夕可滲透、攻破的。因而,中西文化的衝突,在江西更具對抗性,誘發教案成因更多。八國聯軍統帥瓦德西(德國人)曾經這樣評述過教案:「余對於教會問題之研究,曾經不遺餘力,據余所信,時人每將中國排外運動(即反洋教鬥爭)歸咎於教會方

15　《贛文化研究》,第271頁。
16　《江西民俗文化敘論》,第8頁。

面，實屬完全錯誤。中國排外運動之所以發生，乃是由於華人漸漸自覺，外來新文化實與中國國情不適之故。」[17]儘管瓦德西試圖推脫教會在教案中的責任，但看清了一點，那就是中西文化的不相融。無疑中西文化的不相融，是基督教在江西傳播與發展的一大阻礙。

西方傳教士借傳播為名，廣置田產，大牟其利。一八七七年至一八八三年間，僅貴溪、鷹潭兩地，傳教士與教民及無賴之徒，訂約買地一百多畝，每畝價僅一元或一兩白銀不等，事後查明，當地訂約的桂冬喜、馮東初、桂良才等九人皆不屬田主，而是盜名公產或親屬或他人遺產。[18]傳教士除強占強買盜騙田地外，還採用另一種手法：盜租。光緒十二年（1886）冬，美以美會教士英人李德立，相中廬山牯牛嶺、長沖地段，即與德化縣（今九江）舉人萬和賡立契，永遠租借牯牛嶺、長沖、高沖、女兒城、大小校場、講經台等處公地。萬和賡並不具有租借資格，簽約時用化名萬啟勳卻獲租金七百餘元。當地人上訴官府，雖勒令退還，而李德立卻置若罔聞，招引西人上山避暑，當地人憤而攔路阻滯，並毀山上李氏所建木屋，因此而涉訟交涉，數年無果。延至光緒二十二年（1896）年，李德立終於正式與官府立約，無限期租借長沖勝地，被毀之建築，照價賠償四一一五元。

---

17 瓦德西：《拳亂筆記》，《中國近代史資料叢刊·義和團》第 3 冊，第 70 頁。

18 王鵬九：《交涉約案摘要》，第 2 卷，光緒二十四年江西刊本。第 55 頁。

爾後又修築道路，把許多不屬租借範圍的土地變相歸其所有。[19]
其他傳教士紛紛效仿李德立的這種由盜租變為事實、由暫租變為
長期霸占的手法，美教士海格思盜租牯牛嶺，英教士盜租醫生
窪，俄國尼娑教士盜租星洲、蘆林，法國教士樊體愛盜租狗頭石
地區，等等，大好廬山勝地，就這樣不斷被西方傳教士瓜分得支
離破碎，體無完膚。傳教士把租借來的土地，或轉租，或建房。
轉租土地給西人，獲利甚巨，爾後用轉租來的錢，或修路，或建
房。據日本人一九一七年統計，僅牯牛嶺一處這時就建有西式洋
房（別墅）五百一十八棟。每年上山避暑的遊人，三分之二以上
是洋人。[20]傳教士在租借地區，對中國居民強徵捐稅，難派勞
役，隨意搜捕中國公民，且規定許多場所，中國人不得入內，廬
山就此成為半殖民地半封建的地區，成為帝國主義侵略者的「天
堂」，成為中國勞動人民的地獄。但廬山人民的反抗卻從未停止
過，直到民國期間收回租借地。

　　鎮壓義和團、兵犯北京城的八國聯軍統帥瓦德西深悉中國教
案問題，他也承認傳教士「做事毫無忌憚，以及許多牧師，為人
不知自愛，此固吾人不必加以否認疑惑者」。因為許多傳教士
「往往其人德性方面既不相稱，職務方面亦未經訓練，此輩常以
服務教會為純粹面包問題，凡認為可以賺錢之業務，無不兼營並
進。余更熟知許多牧師，兼營他項營業（如買賣土地，投機事

19　吳宗慈《廬山志》，江西人民出版社 1996 年版，第 400 頁。
20　周鑾書：《廬山史話》，第 124-126 頁。

業）實與所任全不相稱」。[21]

來華傳教士這種「六根」不淨、「十誡」不遵的慾念，是從西方土地上滋生的，在中國更恃本國政府的慫恿和支持，變本加厲，不僅江西人看著憤怒，就連西國自己人也有不滿。美國人丹涅特就曾痛詆「傳教士都是壞蛋，他們來到中國，為著享樂，為著抓錢」。[22]

另外傳教士還經常干預江西地方詞訟，兩江總督（統轄江西、安徽、江蘇三省）曾國藩曾上奏朝廷，嚴陳轄內傳教士所為，他說：「唯天主教屢滋事端……良由法人之天主教但求從教之眾多，不問教民之善否，其收人也太濫，故從教良民甚少，詞訟之無理者教民則抗不遵斷，賦役之應者，教民每抗不奉公……凡教中犯案，教士不問是非，曲庇教民，領事亦不問是非，曲庇教士，遇有民教爭鬥，平民恆屈，教民恆勝。教民勢焰愈橫，平民憤郁愈甚。郁極必發，則聚眾而群思一逞。以臣所聞，酉陽、貴州教案皆百姓積不能平所致。唯和約記載中國人犯罪由中國官治以中國之法，而一為教民，遂若非中國之民者也」。[23]

在這種背景下，江西教民信教，在某種程度上是為了尋求保護，非耶穌聖主精神的保護，而是傳教士現實中的干預中國法律的保護。因而，相當一部分信教的人，是社會渣滓。他們借入教

21 瓦德西：《拳亂筆記》，《中國近代史資料叢刊·義和團》第 3 冊，第 71 頁。

22 《中國教案史》，四川社科院出版社 1987 年版，第 375 頁。

23 《同治朝籌辦夷務始末》，第七六卷，第 3 頁。

尋求保護，以便為非作歹。傳教士「四處招延盜賊奸民……而奸宄無賴之徒爭竄於教會」；[24]「民教生事之故，多由不法痞棍一經入教，即恃為護符，妄搆滋非」。[25]他們「作姦犯科，無所不至。或鄉愚被其訛詐，或孤弱受其欺凌，或強占人妻，或橫侵人產……種種妄為，幾難盡述」。[26]他們「一依教堂為抗官之具，至有身犯重罪入教以求庇者，有與人為仇依附教士以逞其毒者」。[27]故當時江西有一句民謠，說教民「未入教，尚如鼠，既入教，便如虎」。[28]

　　法國天主教神父衛青心在《法國對華傳教政策》一書中，對近代中國民教差異有這樣一段描寫：「中國基督徒還把自己的同胞——非基督教徒視為『魔鬼』，並稱之為『可憐無知的異教徒』，或『崇拜偶像的小瞎子』。一方面，傳教士禁止中國基督徒與這些『魔鬼』保持家庭和社會上的聯繫；另一方面，中國基督徒也把自己看成是『國家高貴的人物』。然而，中國非基督教徒對中國人信奉基督教卻有著完全不同的看法，他們認為，如果中國多出現一個基督徒，國家就少了一個良民」。[29]

---

24 民國四川《巴縣誌・交涉》，第十六卷。

25 《巴縣檔案》光緒二年六月十八日「川東道禮」，見《中國教案史》，第 366 頁。

26 范文瀾：《中國近代史》，上海人民出版社 1995 年版，第 351 頁。

27 《清季外交史料》卷十，書目文獻出版社 1987 年版，第 5 頁。

28 丁日昌：《教務隱憂疏》，見王明倫《反洋教書文揭帖選》，第 345-346 頁。

29 《法國對華傳教政策》上卷，中國社會科學院出版社 1991 年版，第 19 頁。

據一九〇一年全國天主教人數的統計，江西從教信徒一點七八二五萬人，遠比鄰省浙江零點七四八萬人、湖南零點五一萬人要多得多。[30]而全國天主教民，一

·教會九江儒勵中學

八七〇年是三十七萬人，一九〇〇年是七十四萬人，一九〇七年達到一百萬人，一九一〇年增至一百二十九萬餘人。[31]教民增長速度如此之快，一方面說明基督教在中國發展迅猛，另一方面，很大原因就是在於現實中中國教民也間接地同等享有傳教士的治外法權，由於傳教士及西方強國的干涉，中國法律對於中國教民也失去了約束力。法國侵略者就曾公開宣稱：「我們絕對關心教徒，如果因他們是教徒而受到任何凌辱，就等於對法國不友好」。[32]江西巡撫沈葆楨對此深有感觸，他說：「天主教則藏污納垢，無所不為，淵藪逋逃，動與地方官為難。名為傳教，實則包

30　《教案奏議彙編》，光緒二十七年上海書局石印本。
31　德禮賢：《中國天主教傳教史》，第 14 部分，上海商務印書館 1933 年版。
32　《中國教案史》，四川社科院出版社 1987 年版，第 365 頁。

藏禍心。正士良民，不勝憤疾之情，致有戕殺之舉。法人借端肇釁，轉令我動輒詞窮……果其具有天良，則以教士懾服教民，權豈不是？何至紛紛多事若此哉！」[33]

傳教士在江西傳教，「干預公事，挾侮長官」，「使各州縣不得行其法」，[34]這種做法，嚴重干擾了江西正常的行政秩序，破壞了中國的法律，以致引發了「教士、教民與地方官並坐公堂」[35]的怪現象。

毋庸諱言，雖然傳教士在江西有許多不光彩的記錄，但為了有利於基督教的傳播，也辦了不少公益事業，如學校、醫院、育嬰堂、施粥場等，在一定程度上加快了江西教育文化事業的發展。粗略統計，基督教在中國創辦大學二十三所、中學二百六十所、小學六千五百九十三年，所辦醫院二百六十多所。就江西而言，美心美會在南昌辦了一個女子學校叫葆靈女校，接著九江衛理公會也辦了一所女校，叫儒勵女校，相應地改觀了江西落後的教育面貌，推動了江西教育事業的發展。更為重要的是，女子學校的開辦，使閉塞的江西，風氣大開，從此，江西女孩才第一次開始走出家門，走進學校、走上社會。學校開辦之初，困難重重，阻力很大，進校學生，不再纏足，因而只有少量的教民子女，由於教會學校的努力，生源逐步擴展到各階層，逐步營造出

---

33 《同治朝籌辦夷務始末》，第五十三卷；第四十一卷，第 43 頁。
34 同33。
35 《張文襄公全集》，文華齋 1928 年印，第一一七卷，第 30 頁。

一種以進校讀書為時尚的社會氛圍。看到基督教會學校進步作用的同時，也必須清醒地認識到教會辦學校的真正目的。不僅美國在華傳教士狄考文公開宣講：「真正的教會學校，其作用不單在傳教，而在使學生受洗入教，並成為一般民眾的先生和領袖。」[36] 這就是說，基督教會辦學校的目的是為了培養傳教者。他們看得更遠，他們要進而使學生成為社會上和教會內為外國侵略者所需用的人才，為基督教的傳播和侵略鋪墊道路。毛澤東同志一針見血地指出：帝國主義「對於麻醉中國人民的精神的一個方面，也不放鬆，這就是文化侵略政策。傳教、辦醫院、辦學校、辦報紙和吸引留學生等，就是這個侵略政策的實施。其目的，在於造就服從它們的知識分子幹部和愚弄廣大的中國人民」[37]。另外，基督教在江西所辦醫院有十餘所：僅南昌市，就有聖類思醫院、法國醫院施醫分院、東方精神療養院、南昌醫院、南昌婦幼醫院等五所，其他較有名氣的醫院有廬山牯嶺醫院、鄱陽湖醫院等。[38]

總的來說，近代基督教在江西的傳播，一開始就打上了不平等的烙印，帶給江西人民許多難以接受的記錄，為以後江西社會的動盪，埋下了禍根。從此，教案問題成為江西一個非常重大而棘手的社會問題。

36　《基督教在華傳教百年大會記錄》，第 403 頁。
37　《毛澤東選集》，第二卷，第 592 頁。
38　《中國教案史》，第 686-695 頁；《江西通志稿》第 40 冊，第 82-83 頁。

第二節 ▶ 教案風波

所謂教案，就是中國人民反對基督教的侵略而引發的訴訟乃至外交糾紛的案件。江西近代教案，此起彼伏，層出不窮，頻繁猛烈。粗略統計，從一八六二年到一九○八年短短的四十六年內，全省先後發生教案，有案可查的即不下三千餘起，平均每年七起，就其規模而言，呈現四次高潮：一八六二年的南昌教案；一八九一年的長江教案；一九○○年的全省教案；一九○四年的棠浦教案（亦稱第二次南昌教案）。江西在全國傳教活動不是很活躍，而教案發生卻是全國最頻繁、最嚴重的省份之一。

一 南昌教案

江西在《天津條約》簽訂前，法國教士已在省內各地如撫州、南城、宜春、高安、清江、吉安、鄱陽等處設立祕密教堂，在黑夜傳教。只有南昌北郊吳城鎮教堂曾公開佈道多年，道光年間為當地知縣所毀，咸豐五年（1855）為彭玉麟率兵再毀，改設龍王廟。

一八六一年，法國傳教士羅安當，拿著清廷「歸還舊堂」的令箭，要回吳城鎮舊堂後仍不滿足，接著又要擴建南昌進賢門外廟巷的天主教堂，把筷子巷民房變為教會財產，改作育嬰公所，收容女孩十三口，自五歲至十二歲不等。廟巷天主堂，也收有女孩十餘人。教堂、育嬰堂，造形別緻，白天也緊閉大門，僅由屋

後小門出入，非教中人不得入內，顯得很神祕很恐懼。[39]南昌民眾懷疑他們有「拐騙男女幼孩，取其精髓，造作丸藥」的勾當，而且數月以來，南昌「致死童男不下數百人」，[40]一時議論紛沸，民情怨憤，人心浮動。恰恰就在此時（1862.3），《湖南合省檄》傳來南昌，檄文痛詆教會不敬祖宗，不分男女，甚至有對男孩採生折割情事，而對「其他種種奸惡」亦「描寫盡致」。[41]檄文說的是湖南的事，所列洋教罪惡事實印證了江西人民的種種猜測，也迎合了江西士紳反感洋教的需要。正在省城應考的秀才們，在前翰林院檢討夏廷榘、在籍甘肅臬司劉於潯的參與下，連夜翻印檄文，「一日夜刷印數百萬張，遍貼省城內外通衢」，[42]受此影響，南昌民眾對天主教「肆行無忌、種種作惡」的不法行為更加深信不疑，群情激憤，發佈揭帖約期四月十六日齊集教堂「與外國人理論」。

四月十五日夜間，就有不少生童、百姓擁至筷子巷教堂，越聚越多，漸至數萬群眾，人山人海，人聲鼎沸，似火山爆發，當即拆毀筷子巷教堂和袁家井教堂二所、育嬰堂一所，同時打毀平日素習洋教為教士代理照料一切的義和酒炭店、合太鹽店，連同教民的數十間房屋也遭破壞。傳教士倉皇出逃。羅安當逃避上海，方安之匿走瑞州。事件發生一瞬間，等到南昌知府王必達帶

---

39 王文傑：《中國近世史上的教案》，上海人民出版社 1988 年版。

40 王明倫：《反洋教書文揭帖選・江西部分》。

41 夏燮：《中西紀事》第二十一卷，1871 年刊刻本。

42 同 41。

領兵丁前往彈壓時，打教群眾已煙消雲散，避匿一空。

次日晚，南昌廟巷天主堂又遭受同樣的厄運。

案發後，法使哥士耆數次照會總理各國事務衙門抗議，謂贛撫沈葆楨等唆使地方官紳與教為仇，江西驅迫教士，實非中國禮義之道，要求總理衙門奏派旗籍大員赴贛查辦，否則，法國將以兵船相見。語氣強硬，態度傲慢，迫使總署函示沈葆楨「迅速嚴拿，從重辦理」，所毀教堂代為修復，「不准稍涉鬆懈，倘是該地方官辦理不善，即行分別撤參」。[43]但沈葆楨私下認為，發生此案，是朝廷「二百年養士之報」，「夷人逞志於我久矣，不虞吾民之籍手以報也。雖然，辦理不善之咎我輩自任了，幸勿作緝捕論也」。[44]因而江西地方官府，沒有追究當事官吏，而對「鬧教」百姓更是不予追捕，境內秩序依舊。

清政府一方面對兩年前英法聯軍攻入北京心存餘悸，另一方面還想藉助法國勢力助剿太平天國，唯恐此案觸怒法國，嚴催速辦結案。十一月，法使提出結案八款：不得仇教；禮遇傳教士；賠銀八萬餘兩等等。沈葆楨僅同意賠款零點五萬兩銀，雙方久議不下。

法使的訛詐，更激起了江西人民義憤。得知羅安當將禮迎返贛，江西民眾更是怒不可遏，發佈《撲滅異端邪教公啟》，遍貼通衢，號召人民「鋤頭扁擔，盡作利兵，白叟黃童，悉成勁旅，

---

43 夏燮：《中西紀事》第二十一卷，1871 年刊刻本。
44 《教務教案檔》第 1 輯（二），第 921 頁。

務將該邪教斬除淨盡，不留遺孽」。[45]誓與洋教決一死戰。這種決心，從沈葆楨（江西巡撫）派人祕密調查民眾的談話中更能體現出來。

問：你們紛紛議論，都說要與法國傳教士拚命，何故？

答：他們要奪我們本地公建的育嬰堂，又要我們賠他們許多銀子，且叫從教的來占我們鋪面田地，又說有兵船來挾制我們。我們讓他一步，他總是進一步，以後總不能安生，如何不與他拚命？

問：我等從上海來，彼處天主堂甚多，都說是勸人為善。比如育嬰堂一節豈不是好事？

答：我本地育嬰，都是把人家才養出孩子抱來乳哺。他堂內都買的是十幾歲男女，你們想，是育嬰耶，還是借此採生折割耶？

問：你們地方官同紳士主意如何？

答：官府紳士，總是依他。做官的只圖一日無事，騙一日俸薪，到了緊急時候，他就走了，幾時顧百姓的身家性命！紳士也與官差不多，他有家當的也會搬去。受罪的都是百姓，與他何干！我們如今都不要他管，我們只做我們的事。

問：比如真有兵船來，難道你們真與他打仗嗎？

答：目下受從教的欺凌也是死，將來他從教的黨羽多了，奪了城池也是死，勾引長毛來也是死，橫豎總是死，他不過是炮火

45 王明倫：《反洋教書文揭帖選》，齊魯書社 1984 年版。

厲害，我們都挨著死，看他一炮能打死幾個人，只要打不完的，十個人殺他一個，也都夠了。

問：你們各位貴姓？

答：我們看你是老實人，與你閒談。連日官府都在各處訪查，你是外省的口音，我們的姓名，不能對你說的。[46]

這段對話，真實而生動。它反映了江西老百姓對洋教的憤恨和鬥爭決心。

次年五月，羅安當轉返江西，兩江總督曾國藩派船護送至南昌滕王閣，見河干豎一大旗，寫著「禁止法夷入城」等字，隨即亂石紛擲，頻頻中舟，羅安當不得上岸，只好灰溜溜地返駐九江。爾後，九江關道蔡錦清奉命與羅安當議結南昌教案，允賠教民銀一點七萬兩，准其重修教堂。[47]

就這樣，首次南昌教案以法使的威脅、清政府的壓力而賠款息事。同期發生的貴陽教案、衡州教案，同樣賠款了結，但江西賠款較重。貴陽教案中，先後殺死教徒五人，焚燬教堂多所，共賠銀一點七萬兩。衡州教案中，民眾燒燬衡陽、湘潭兩地天主教堂育嬰堂，也僅予小數目的賠修。這看出一個跡象，江西教案的議結，妥協遷讓性較大。

此後的二十餘年間，江西發生數十起教案，如：

一八六三年十二月貴溪縣崗背天主堂被焚燬；

46　《同治朝籌辦夷務始末》第十二卷，第33-34頁。

47　《教務教案檔》第1輯（二）。

一八六九年四月贛州定南廳焚燬天主堂；

一八六九年五月廬陵縣應考生童聚眾焚燬教堂；

一八七〇年九月南昌吳城鎮天主堂被拆毀；臨川縣天主堂、育嬰堂被毀；

一八七二年十二月崇仁縣教堂被毀；

一八七三年五月瑞昌士民拆毀美國天主教堂；

一八七四年五月安仁縣（今餘江縣）鄧家埠天主堂被焚燬；

頗具影響的有一八六九年的宜豐教案。宜豐縣教民誣告鄉民「抄搶」教產，江西巡撫劉坤一派員至縣提取人質，秉公審理，法使不服，竟帶兵船三艘，到南昌要挾，結果，以賠銀零點五萬兩給教會而結案。

二　長江教案

一八九一年五月至九月，在長江的中、下游地區，爆發了一場大規模的群眾反抗外國教會侵略的鬥爭。鬥爭的烽火蔓延到安徽、江西、江蘇、浙江、湖北、湖南等省數十個城鎮，凡是有外國教堂的地方，群眾多憤然而起，焚燬教堂，驅逐傳教士，毆打教民，史稱「長江教案」。

長江教案的發生，首先由安徽蕪湖燃起。長江流域，盛傳天主教拐騙幼孩、挖眼製藥的揭帖和傳說，百姓多深信不疑。這年五月，恰逢蕪湖天主堂的兩個修女把一家患有傳染病的兩個小孩帶回教堂，途中被小孩親屬攔住，爭執中，聚觀群眾聯想到教堂殘害孩童之說，擁至教堂打砸，把教堂、教會學校焚燒成「瓦礫之場」，在官兵開炮威壓下，鬧教群眾方始散匿。

　　蕪湖教案一爆發，立即在安徽各地和長江沿線引起連鎖反應。安徽之和州、安慶、廣德等地，江蘇之丹陽、無錫、江陰、陽湖、金匱等地、湖北之武穴、宜昌等地，江西之南昌、九江等地，幾乎同時發生教堂被搶、被砸、被焚、被毀事件，短短幾個月，長江中下游地區，反洋教風潮席捲而起，洶湧澎湃，帝國主義在華勢力驚恐萬狀。美國駐華公使貝連續向國務院報告說：「幾乎在長江各通商口岸都有騷亂發生」。[48]「沒有一個城市是安全的，上海也包括在內」。[49]光緒皇帝在一八九一年的一個上諭中也不得不承認：「江蘇、安徽、湖北、江西等省，屢有焚燬教堂之事……半由會匪從中主謀」。[50]

　　領導這次教案的哥老會經過密謀策劃，商定了一套鬧教辦法：第一步是「預備匿名揭帖」編制大量詆毀教會的印刷品，揭露「教堂害死小孩、挖取眼睛」等罪行，討檄傳教士種種劣行惡跡；第二步是「遍地張貼」，像「長沙所有的牆上，都覆蓋著這些漫畫。它們被拿到大街小巷，各處張貼……上自督撫大員，下至街頭苦力，人人喻曉」；第三步是「哄動眾人」，攻擊教堂，並衝鋒在前；第四步是乘熱焚燒教堂後，迅速脫身，隱匿異地。這是哥老會頭目曹義祥、唐玉享等人的供詞。[51]他們從兩湖到江浙，從安徽到江西，足跡遍及大江南北，串聯宣傳，廣泛發動各

48　卿汝楫：《美國侵華史》，第 2 卷，第 602、900 頁。

49　同 48。

50　《光緒東華錄》總 2915 頁。

51　《教務教案檔》第 5 揖（二），第 740-7358 頁。

地反洋教鬥爭。

　　長江教案是義和團運動以前規模最大、對帝國主義侵略勢力打擊最沉重的一場教案。參加鬥爭的群眾，主要是城市的貧民、碼頭工人、民船水手、散兵、游勇、破產流浪者等下層群眾。「各省鬧教之由，實由匿名揭帖最為禍首，挖眼殘害諸事，有圖有歌。謠傳一播，愚民竟謂目前真有其事，有觸即發」。[52]當時流傳的反洋教書文揭帖很多，其中《鬼教該死》就是一本白話說唱新歌，刊印了八十餘萬冊，散發全國，是流傳最廣、影響最大的一種宣傳品。江西南昌、九江等地，街巷遍貼詆教揭帖，或曰「耶穌豬精，流傳臭教」：或曰「童子割腎，婦女切乳，剜眼取胎，嬰孩同煮」；或曰耶穌教士「貪如狼，暴如虎，淫如狐，詭如鼠」。[53]等等，不勝枚舉，江西官府，遵旨嚴查，防不勝防，只能激起群眾更加激烈的反洋教情緒，引發下一次更大的教案。

三　全省教案

　　甲午戰敗，帝國主義掀起了瓜分中國的狂潮，東北為俄國勢力範圍，長江流域及香港為英國勢力範圍，山東為德國勢力範圍，滇、桂、粵為法國勢力範圍，福建沿海為日本勢力範圍，美國沒有分到一杯羹，遂提出「門戶開放」政策，享受到列強在華特權。天朝至尊的中國，完全淪為殖民地半殖民地社會，清朝政

52　《張文襄公全集》卷一三六。
53　《反洋教書文揭帖選》，江西部分。

府，形同傀儡，成為帝國主義在華御用工具。

一九〇〇年，北方義和團以驅逐洋寇、拯救中華為己任，提出「扶清滅洋」、「順清滅洋」、「保清滅洋」等等口號，聲討「天主教串結洋人，禍亂中華，耗費國幣，拆廟宇，毀佛像，占民墳，萬般罪惡，實堪痛恨，以至國不泰而民不安，怒惱天庭」。號召民眾：「三月之中都殺盡（洋人），中原不準有洋人」。[54]

義和團愛國主義運動如火如荼，極大地激發了全國人民的反帝反洋教鬥爭。江西人民同仇敵愾，聞風而動，掀起了全省範圍內的反洋教鬥爭。誠如當時上諭所說：「拳匪肇亂，京畿一帶多被擾害，以致各省人心煽動，焚燒教堂，傷害教士教民之案，層見疊出」。[55]是年五月以來，江西饒州、建昌、德化、高安、臨川、鄱陽、安仁、豐城、南豐、廬陵等府縣皆發生拆毀教堂、毆驅教士、教民的事件，贛東教堂僅存四分之一，贛南教堂十餘所全部被拆毀，景德鎮教堂則全部付之一炬。合計全省拆毀法教堂二十九所，英教堂三所，美教堂五所，德教堂二所，合計三十九所；又拆毀法經堂九處，書館、醫院、育嬰堂三處，英經堂一處；教民具控被詐之案，檔冊稽核約八、九百起，教士開單指報七百餘起，合計一千六百三十三起，尚有僅列村戶、或約指大數，並無原被告姓名者，又約六百餘起，此皆法天主教民之案。

---

54 《中國近代史資料選輯》，三聯出版社 1954 年版，第 506-509 頁。
55 《光緒朝東華錄》，總 4656 頁。

另英、美兩教控案五十八起。[56]事後清廷總結教案時說道：「本年自五、六月以來，各省人心浮動，教案迭出，而江西為尤甚」，「江西教堂林立，民情浮動，以致民教互訟，案件層出不窮」。[57]從朝廷幾道諭旨看，江西教案發生，在全國是最多的省份，但其總結教案發生的原因時，卻失之偏頗，它沒有也不敢披露傳教士、教民的種種妄為，也沒有反省自己下令向各國開戰所帶來的轟動影響。

事件發生後，法水師提督率兵艦抵達九江，意欲武力恫嚇，迫江西地方當局嚴懲肇事者、賠款六十餘萬兩銀、撤辦有關官員。此時，正值八國聯軍攻陷北京，義和團運動在中外聯合鎮壓下最終歸於失敗。清政府至此已完全屈從於外國侵略者的淫威，成為西方列強在中國的「御用工具」，對洋人卑躬屈膝，言聽計從，慈禧太后即命一直主張對外妥協遷讓的李鴻章為全權代表，向帝國主義乞和。為了掃除乞和的障礙，清政府對義和團「痛加剿除」，不留後患。對於這樣一百八十度的大轉變，慈禧的解釋是：「寧與友邦，不予家奴」，即寧可洋人在中國頤指氣使，干預中國內政，占領中國首都，也不願義和團在北京發展壯大。一句話就是：「對外賣國，對內鎮壓。」因而，辦理江西教案，一應洋人所請，於一九○一年四月，與洋人議結如下：

　　賠修各被毀教堂、經堂等，法天主教占銀五十一萬餘兩；

56　《義和團檔案史料・李光銳折》，中華書局 1959 年版。
57　《義和團檔案史料・護江西巡撫張紹華折》。

英、美、德之耶穌福音堂共占銀四萬餘兩。另賠予教民恤銀：法天主教占銀二十六萬五千餘兩；英、美兩恤款銀占七千二餘兩。合計共賠銀八十二萬餘兩。其應辦人犯；饒州府浮梁縣拆毀教堂首領許豆豉等六人，就地正法；南安府南康縣蘇家訓等三人，也即正法；其餘各縣所獲人犯，或監禁、枷責、交保管束，各有不等。[58]

清廷應洋人所請，在懲處江西辦理教案不善的地方官的時候，非常痛快，乾淨利落，前江西巡撫松壽於眾多教案一時未能全結，予以革職留任；建昌府試用知府崔湘、代理南城縣試用通判翁宗仁、南豐縣知縣鄧宣猷、廬陵縣知縣馮蘭森、安仁縣知縣劉泰和、署鄱陽縣試用知縣應衷等，均著即行革職；豐城縣知縣湯鼎煊、高安縣知縣何敬釗、贛縣知縣彭繼民、署吉安府候補知府何師呂、廬溪縣知縣王慎猷等，均著撤任，摘去頂戴，停委一年，聽候察看。

江西轟轟烈烈的反洋教鬥爭，在清政府的媚外政策影響下，遭到慘痛的打擊、無情的壓制，但江西人民反洋教鬥爭的決心和勇氣卻絲毫不減，更大規模的風暴還在後頭，充分體現了江西人民不屈不撓的鬥爭精神。

四　棠浦教案

棠浦教案發生在一九〇四年，一教民為鄉民所殺，後發展到

58　《義和團檔案史料‧李興銳折》。

處理此案的南昌知縣江召棠被教士刺殺，引發了一場更大規模的教案，故有些史書又稱之為「第二次南昌教案」。

一九〇四年，法教士王安之受命任新昌（今宜豐）教堂教主，多次赴棠浦鎮佈道，發展教徒。每次來，他總是放馬隨地吃農民的禾苗莊稼，鄉民敢怒不敢言。教民狐假虎威，依仗教勢，對良家婦女強行「初夜權」，平日裡任意打罵鄉民，甚至強暴民女。[59]這年四月，棠浦鎮天主教民羅永興、賴克明又無端強姦鄉民蒙師之女，民眾不平，聚訟訟理，王安之反誣蒙師煽眾仇教，迫使邑令楊國璋逮捕蒙師，加以監禁。[60]如此是非不分、黑白顛倒、欺民媚教的事情，為棠浦教案的發生埋下了禍根。

這年六月，一個偶發事件，使棠浦鄉民平日對洋教的怨恨一下子爆發出來了。一天，正是四方百姓赴集鬧市的日子，一鄉民在擁擠中無意碰壞了教民手中的天主教匾額，即遭教民羅檢刀傷，平日愛打抱不平的鄉民龔棟，遂聚數十少年圍毆羅檢，一頓拳腳，竟立時垂斃羅檢，屍首沉之於河。接著，眾鄉民趁機又抄了羅檢、賴克明等教民的家，燒燬其房屋。王安之聞訊即報縣令營拿辦並電迫巡撫派員督查，新昌縣知縣楊國璋即拿辦龔棟。龔姓鄉民聯絡鄰村陳家、高家鄉民，聚眾數千人，洪江會會員也積極支持。他們劫回龔棟，紮營山寨，佈陣達五華里之遙，樹起大旗，上寫「官逼民反」，官府幾度派兵抓捕，皆無果而終。事情

59 龔哲正口述，馮裕整理：《棠浦教案始末》。
60 《1906年南昌教案資料專輯》。

越鬧越大，江西巡撫夏時乃考慮和平解決，派南昌知縣江召棠前往棠浦查辦此事。

江召棠、字云卿，安徽桐城人，歷任上高、新建、廬陵、臨川、德化、九江、南昌等縣知縣，稟賦剛強，為官清廉正直，政績頗佳，處理民教糾紛，能上顧國體、下諒民心，素為民眾敬仰。此次赴棠浦查處教案，他首先勸告龔族人，解散團練，繳械交凶。然後面稟上司，判處當事人龔耀庭、龔棟、龔祥三人各三年監禁。[61]棠浦教案本應就此畫上句號了。

事隔一年，王安之調任南昌管理教務，他不僅要求江召棠重新審理棠浦教案，而且要求開釋被判監禁的天主教徒。原來，一九○一年六月，新昌縣茬港天主教徒與耶穌教徒發生械鬥，死傷十一人，地方官府處理此案，判天主教徒樊聚秀等五人永遠監禁，判耶穌教民葛洪泰、鄧貴和二人十年監禁。這次王安之舊案重提，開釋教徒的第一個要求被江召棠斷然拒絕了。重審棠浦教案的第二個要求也被義正詞嚴地駁回了。王安之忿忿然說道「我教民受屈莫伸，我心不平，久已莫釋」，[62]由此對江召棠懷恨在心。

一九○六年二月，王安之邀江召棠赴宴以迫其就範。一次不成，第二次再邀，「言辭懇切」，並聲言新建縣令趙峻作陪。江不好再拒，遂於二十二日下午，帶上茶役、家丁二人赴宴。一到

61 《1906 年南昌教案資料專輯》。
62 同 61。

教堂，大門即刻關閉，「軟禁」江召棠。王安之再次要求重結棠
浦案，並出示自己準備好的議約，逼江簽字。議約的主要內容
是：改判龔姓三人死刑，賠教民恤銀十萬兩；將荏港案內監禁的
五位天主教民全行開釋。江召棠自然拒絕簽字。王安之見威逼不
成，乃惱羞成怒，命人用餐刀、利剪猛刺江咽喉。江召棠流血昏
倒，待其家屬等趕到教堂時，江已口不能言，但神志清醒，尚能
索筆敘述了被害經過。

　　江縣令被誘刺傷重的消息震驚了南昌市民，當天晚上，就有
許多民眾聚集老貢院天主堂門前，聲威吶喊。翌日，南昌的學
生、工人、商人相約罷學、罷工、罷市，以示抗議。各學堂的學
生連夜印發傳單，約集二十五日在南昌百花洲沈文肅公（沈葆
楨）祠內商議討回公道的對策。

　　二月二十五日晨，南昌市民幾乎傾巷而出，街上人頭攢動，
僅擁至百花洲的群眾就有四萬人之多，把老貢院法天主堂、文學
堂圍得水洩不通。另一處羅家塘是英教堂，群眾照樣圍攻，此
時，凡是有教堂、有洋人的地方，都遭到憤怒群眾的圍打。江西
巡撫胡廷幹生怕事情鬧大，不可收拾，趕緊派出所有兵率分往各
教堂保護，同時又試圖勸導群眾保持克制。而此時的群眾，激憤
似火山爆發，哪聽得進勸阻，紛紛湧向教堂，質詢王安之，王理
屈開槍傷人，頓被毆斃，連同城內老貢院法天主堂一所、松柏巷
法文學堂一所、羅家塘英天主堂一所被燒燬，城外馬廠法天主堂
一所也燒燬一盡，傷斃英教士金傳安夫婦及其女孩、法教習五
名，共斃九人，其餘教士、教民或躲或逃，在官兵水勇的保護
下，倖免於難。

就在同一天，南昌附近的荏港、渡頭、西湖等十數村鎮也相繼舉行暴動，傷害教士多人。

打教事件發生後，胡廷幹一面急電清外務部及英法公使，報告教案經過，一面增兵護堂，並將英法傳教士祕密送往九江，同時竭力捕捉參與打教群眾，一日內捕拿群眾一千六百餘人，其中，「大都是教民挾仇誣告希圖報復者」。[63]

英法公使接電後，嚴詞照會清外務部，要求「竭力保護該處教堂人民，並將此次殊堪痛恨之兇手速行緝獲」。[64]同時咎責江西地方官保護不力，電飭九江領事率砲艦前往查辦，而對江召棠被刺隻字不提。

清廷諭令胡廷幹在「嚴拿首要」撫卹傷斃的前提下，也要「據理評論」。三月一日，江召棠因傷勢過重而逝。議結此案時，英法方誣衊江召棠之死屬於「自刎」，江西代表堅持以事實說話，被刺而死的事實是明擺著的，誰也抹殺不了，雙方各執一詞，這就需要弄清一個最關鍵的環節——江召棠屬「自刎」還是無端被刺及其傷勢程度。

南昌知府徐性成等地方官員帶同忤作驗屍，證實咽喉及食氣管有刀傷，長二寸二分，寬六分。爾後英領事倭納偕同醫官抵贛復驗，結果如前，非「自刎」所為。這樣，傳教士誣江「自刎」的說法不攻自破。

63 《1906 年南昌教案資料專輯》。
64 《教務教案檔》，第 7 輯（二），第 724 頁。

江召棠平日愛民如子，此次被刺，百姓深為關注，聞知傷逝，強烈要求正名。江西籍京官也聯名上奏，力陳首禍者為王安之，民眾行動過激有情可貸，請求厚贈江令而寬處鄉民。清廷迫於輿論壓力，不得不敕贈江縣令太僕寺少卿，龔氏合族集資先後三次修建江召棠專祠，年年祭祀，子孫永念。[65]

法領事見贛官多懦弱無能之輩，認為「華民不可欺，華官則無不可欺」，[66]多次漫天要價、多方勒案，一直左右著談判議程。先前要求「懲凶」，撤辦有關官員，並賠款二十萬。後又加碼要求賠款一百二十萬，甚或達到二百五十萬。並附加江召棠為「自刎」、為被害教士《含王安之》立紀念碑等條款，苛刻無理之至，實在令人不堪容忍。談判代表江西臬台余肇康，性情剛正，自始自終參與案件的調查、驗屍、談判過程中，迫於朝廷及江西巡撫的壓力，為顧全大局，一忍再忍，可是，面對如此苛刻的條件，不禁拍案而起，大聲疾言：「我手尚存，斷難畫押」，拒絕英法專使的威脅，談判久無成議。然而，清外務部不顧案件事實，於四月三十日直接與法公使議結六條：

（1）開釋被監教民，江令自刎而逝；

（2）焚燬教堂賠銀二十五萬兩；

（3）從前未結教案賠銀二萬兩；

（4）被殺教士五人，每人恤銀一萬兩（王安之不恤）；

65 民國《江西通志稿》，第二十九冊。

66 大日本格藤君述：《南昌教案紀略》（稿本）。

（5）助建教會醫院十萬兩；

（6）中方宣示洋教友善，無不法之舉，以辟「謠傳」。

湖廣總督張之洞憤其大傷國體，恐法人慾壑難填，二次來電反對簽約。江西紳民紛紛集會，也表示強烈不滿。但清政府仍然以此為藍本，於六月二十日正式簽約如下：

（1）將龔棟、劉苟子、任廷發、吳鳳年、譚金剛、魏得勝等十人斬首示眾，其餘二十七人犯分別判刑；

（2）賠教堂銀二十五萬兩，教士恤銀五萬兩，修建醫院銀十萬兩，計三十五萬兩。

（3）承認江召棠為自刎；

（4）為被難法教士建牌場藉示紀念；

（5）江西巡撫應即出示曉諭，禁止民眾仇洋反教。[67]

另外，為滿足英法要求，清廷將贛撫胡廷幹、臬司余肇康、布政使周浩等於教案防範不嚴、辦理不善的一批地方官員撤職查辦。

接著，英國也與清政府議結，索賠四千七百英鎊（約合 5 萬兩銀）。

反反覆覆，久拖數月的談判終於結案了。倘若前二款以犧牲人命和耗費錢財，可以承受的話，那麼後面三款則大大損辱國體，大大傷痛人心，只有賣國的清政府才有這樣的「大度」，只有得寸進尺的洋人才會這樣厚顏無恥。一椿慘案竟如此黑白顛

---

67 《1906 年南昌教案資料專輯》，南昌政協文史委編。

倒，一起教案竟如此屈結，奇恥大辱莫甚於此。百姓對此既恨洋人，又怨官府，怨恨交加，呼天天不應，呼地地不靈，只好通過張貼傳單表現出來，其中有一條很流行的話是這樣寫的：「真不平，真不平，大朝官竟幫了洋人」。[68]

江召棠冤死後，龔姓族人在痛定之餘，眾族集資修建江公專祠，年年祭禱，告慰英靈。此為後話。

棠浦教案發生過程中，即一九〇四年八月三十一日，樂平縣會黨人物夏廷義率領群眾以抗捐的名義進軍縣城，搗毀縣衙、統捐局、釐卡、教堂及教民的房屋，並奪取營兵槍枝，武裝起義，鬥爭持續二個多月，最後在重兵鎮壓下，終歸失敗，領導鬥爭的會黨人物全部銷聲匿跡。[69]接著，浮梁、高安、龍泉等縣皆爆發群眾打教事件。[70]這些鬥爭有力配合了棠浦教案，加劇了帝國主義在贛勢力的恐慌。

棠浦教案結案條文內容傳出後，江西民眾更是怒不可遏，認為洋人欺人太甚，中國的人格、國格受污太損、誓與洋人不兩立，在洪蓮會會首黃淑性等人的領導下，饒州府民眾公開打出「順清滅洋」的大旗，頭裹紅巾，殺向浮梁縣，打毀教民家，拆毀教堂，驅逐教士，與官軍列陣槍戰，因敵眾我寡而失敗。[71]繼之彭澤縣會黨率領民眾，高舉「滅洋仇教」大旗，四出打教，南

68　《清季教案史料》，第 159 頁。
69　《中國科學院歷史所第三所集刊》，第 1 集。
70　詳見《清末民變年表》，《近代史資料》1982 年第 3、4 期。
71　同 70。

康、贛州會黨、農民焚燬天主堂、耶穌堂多所，毆殺教士、教民多人等等。[72]這些鬥爭表明了江西人民不甘屈服洋教勢力的決心和勇氣。他們用自己的行動和犧牲，向全國、向全世界宣示了這樣一個事實：江西人民的反洋教鬥爭是正義而持久的。

第三節 ▶ 教案對江西社會的影響

一次次反洋教鬥爭，就這樣一次次夭折了。血光中，洋教勢力繼續蔓延；屈辱下，清政府苟且維持。江西人民空懷愛國之心，枉有一腔熱血，徒然犧牲。這就是江西近代慘痛的歷史。經此慘痛的教訓，江西民眾乃至全國人民覺醒了，只有徹底推翻腐敗無能的清王朝，才能真正贏得中華民族的自尊。應運而生的革命時代呼之慾出，一九〇六年十二月萍瀏醴起義爆發了，撼動了清廷的統治，引起了統治階級的恐慌。接下來全國各地相繼發生了反抗清朝統治的武裝起義，如一九〇七年五月的饒平黃岡起義、六月的惠州七女湖起義、九月的防城起義、十二月的鎮南關起義、一九〇八年三月的欽州馬篤山起義、四月的雲南河口起義、一九一〇年的廣州起義，等等，眾多起義雖然都失敗了，但令清政府應接不暇，疲於奔命，最終導致辛亥革命的爆發和清朝統治的垮台，結束了中國幾千年的封建專制統治，這是時代的選擇、歷史的必然。

72 《辛亥革命前十年間民變檔案史資料》上冊，江西部分。

一　正義的鬥爭

　　著名歷史學家陳旭麓教授在談到西方傳教士時，是這樣評價的：「他們雖然也有利瑪竇、馬禮遜、李提摩太、丁韙良、司徒雷登等大批著名傳教士，但是除了前期的利瑪竇等有較多的宗教氣質外，從鴉片戰爭起湧入中國的傳教士，已看不到『高僧』的形象，即使他們中有人自稱中國為其『第二故鄉』或『半個中國人』，也大都是從事侵略活動的偽善者，中國人民久已把他們中的一部分看作披著宗教外衣的帝國主義分子。這是因為：資本帝國主義要變中國為它們的殖民地半殖民地，就必然而且需要把這種統治方式向國外延伸，決不是傳教士發什麼『善心』所能改變的。如果說在中世紀的歐洲，哲學是神學的婢女，那麼到了近代中國，他們的神學就成了殖民主義的警探和麻藥。這個事實也就使中國人民必然要把反洋教作為反對帝國主義侵略的組成部分，理所當然地要揭穿他們的偽善及其罪行」。[73]也就是說，傳教士在中國，雖然做過許多有益的善舉，如純正傳播基督教義，介紹西方科技知識，興辦學校、醫院、育嬰堂，贊同中國的革新與改良等，但處在中國特殊的近代時期，這些善舉也會被扭曲，被利用，終究掩蓋不了他們對中國進行文化侵略的野心，擺脫不了為本國對外擴張服務的目的，使得傳教染上列強政治色彩，成為政治的工具。在中國人民的反抗中，洋教自然成為抗戰的首選目標。

73　顧長聲：《傳教士與近代中國·序》。

自鴉片戰爭以後，中國人民就開始面臨三大危機：信仰危機、民族危機、生存危機。傳教勢力的蔓延擴展，強烈地衝擊著中國人民正統的儒學思想，大大傷害了中國人民千百年來固有的信仰；二次鴉片戰爭，啟賠款割地之端，接著甲午戰敗，中日簽訂《馬關條約》，清政府賠款銀二億兩，而當時清政府每年的財政總收入不過八千萬兩，根本無力償還這筆巨債，不得已向英、德、俄、法等國借貸，高額利息、回扣之外，以海關、釐稅作擔保，並劃分帝國主義勢力範圍。爾後的《辛丑條約》，中國賠款銀四億五千萬兩，允許外國軍隊駐紮我首都，中華民族到了最危險的時候；帝國主義經濟侵略滲透到中國城鄉每一個角落，嚴重破壞了中國農業和手工業相結合的自然經濟，農業蕭條，手工業破產，失業民眾大量湧現，造成普遍的生存危機。三大危機加深了中國人民對帝國主義侵略的認識，民族矛盾隨之成為最主要、最尖銳、最敏感的矛盾。

江西人民也深深感受到這三大危機，也始終站在反對帝國主義侵略的前列。在自發的反洋教鬥爭中，奮不顧身地進行了殊死的、持續的戰鬥，表現出不屈不撓的精神。數十年間，鬥爭此起彼伏，前仆後繼，連年不斷。雖然每次反洋教鬥爭都失敗了，但這些鬥爭都有著深刻的意義。不但大長了江西人民的志氣，也維護了中國人民的尊嚴；不但打擊了基督教的囂張氣焰，也延緩了中國殖民地和半殖民地的進程。從根本上講，江西反洋教鬥爭，就是反對洋人侵略的鬥爭，是正義的反抗，是愛國的壯舉，是民族的覺醒。它打擊了帝國主義在華勢力，威懾著傳教士在華活動，鼓舞了中國人民反帝勇氣，增強了愛國主義，推動了全國反

洋教鬥爭的發展。應該說，江西如火如荼的反洋教鬥爭，是近代中國愛國主義運動的一個重要組成部分。正如九江人民在傳單上所說的：「我們為什麼要反對基督教？因為他是蠱惑中國人的毒物，因為他是賣國外交家的生產所，因為他是國際資產階級的靈魂，因為他是帝國主義侵略中國的導線……基督教在中國三百四十餘年過去的歷史上，曾明白地告訴我們，傳教是帝國主義的侵略手段。」[74]

反洋教鬥爭是正義的，但也毋庸諱言，鬥爭形式是簡單而野蠻的，非燒即殺，單一的暴力手段。正如毛澤東所分析的那樣，當時中國人對帝國主義的認識還處於「表面的感性的認識階段」，而「進到理性的認識階段，看出帝國主義內部和外部的各種矛盾，並看出了帝國主義聯合中國買辦階級和封建階級以壓榨中國人民大眾的實質，這種認識是從一九一九年五四運動前後才開始的」。[75]只有那時候，中國人民的反帝鬥爭才出現了新的面貌。

二　慘痛的代價

江西人民積極投入反洋教這一正義鬥爭，付出的代價是慘痛的。政治代價是「懲凶」的殘酷和屈結的羞辱，而基督教勢力在艦炮的保護下，在刀光劍影中，高舉著帶血的十字架，鄙視著中

74　〔法〕衛青心：「法國對華傳教政策」上卷，第 2 頁。
75　《東方雜誌》第八卷，第 10 號。

國文化，踐踏著中國人的感情而繼續蔓延發展著。經濟代價是「賠款」的巨大，雙重的壓榨是江西晚清經濟落後於其他省份的重要原因。

以「寧與友邦，勿予家奴」為方針的清政府，在處理每起教案時，基本上是採取「友邦至上」、「免肇外釁」的原則，嚴厲懲處民眾，儘力討歡洋人。「懲凶」分為民眾斬首、官員撤辦。江西教案議結的「懲凶」，前面已有論述，這裡主要分析一下「賠款」的影響。

自一八六二年至一九〇八年四十六年間，江西教案共賠款銀一百六十餘萬兩，僅一九〇〇年全省教案和一九〇四年棠浦教案二次議結，賠銀就高過一百二十萬兩。這還只是目前筆者查到的粗略統計，實際賠款數遠不止一百六十萬兩。江西每年財政收入百萬左右，日常支出卻不下兩百萬，「江省入款，歲不敷支者甚鉅」，「綜計每年仍短百萬有奇……實已庫空如洗，無可掘羅」。[76] 而教案賠款又不得拖欠，怎麼辦？遂議借洋款以還洋債，派員赴滬洽談，洋商條件是：江西以關稅、路權作抵。而關稅屬正供，由國家統一支配，路權作抵，又怕釀成新的風波，不敢應承，幾經周旋，終無成議。[77] 外借不成則內捐，全省上下官民，勒緊褲帶也只籌措得數萬兩銀，杯水車薪，無濟於事，最後還是採取老辦法，增加地丁稅、釐金稅，轉災於廣大勞動人民身

---

76 《義和團檔案史料·江西巡撫李興銳折》，中華書局 1959 年版。
77 同 76。

上。以釐金為例，江西一省釐卡，在十九世紀末，雖幾經裁撤，仍「多至七十餘處」，[78]為全國之冠。貨物遇卡抽稅，貨商苦不堪言。江西盛產茶葉、瓷器，茶葉、瓷業，為江西支柱產業。由於釐卡層層盤剝，貨價「須加入百分之六十於成本中，而各種營業雜費不與焉」，[79]致茶葉、瓷器等江西名產銷路不暢，幾度滯銷，嚴重影響了江西經濟的發展。為了支付賠款而採取這種殺雞取卵的辦法，是江西近代落後的重要原因。僅教案賠款，江西已是捉襟見肘，無力支持，更何況還有全國多次「內亂」（太平天國）外患（甲午、辛丑戰敗）所致巨額賠款的攤派。太平天國期間，太平軍轉戰江西數載，雖輕徭薄賦，但官府正供稅賦不減絲毫，反而因戰爭而加重，阻礙江西經濟發展的毒瘤──釐金制就是此時創立的。釐金制試行之初，江西年入不過五十餘萬兩銀，而到了後來，釐金收入卻達到年兩百餘萬兩，其中十萬兩必須上解戶部，五萬兩供國家軍費、一百萬兩供本省軍費、其餘則用於償還外債（賠款）和墊付省庫虧空。而對外戰爭數敗，僅一九〇〇年八國聯軍入京，簽訂了《辛丑條約》，中國賠銀四億五千萬兩，分三十九年還清，年息四釐，本息折合九億八千多萬兩，關稅抵押、釐金加價後，債務餘額全部攤派到各省，江西每年承擔兩百一十六點六萬兩。江西財政是雪上加霜，苦不堪言。

法國學者總結近代中國是這樣說的：「十九世紀對中國來

78　《光緒朝東華錄》，卷一二〇，中華書局 1958 年版。
79　《中國近代手工業史資料》第二冊，第 723 頁。

說，是一個痛苦的世紀。在這個世紀中，它經歷過深重的災難、生與死之間的殘酷鬥爭，外國的侵略、國內的戰亂、民眾起義以及嚴重的經濟、政治、社會危機，以及傳教方面出現的激烈衝突，而且這種衝突此起彼伏，常常伴隨著流血和犧牲。總而言之，一切倒楣的事情都不會放過這個不幸的民族。」[80]

　　一次次反洋教鬥爭，一次次慘痛的失敗，教訓是深刻的。作為後期教案的發動者和領導者，江西會黨把這種失敗歸於「罪不在教士，而在官吏也」，一九〇六年萍瀏醴起義時，會黨公開提出「凡教會牧師皆一律保護之」，[81]這是會黨走向革命化的開始，也是江西教案從此趨於式微的開始。

80　上海《民國日報》1924 年 12 月 28 日。
81　《毛澤東選集》第一卷，第 288 頁。

第五章————

江西的維新變革運動

　　甲午戰後，進行制度層面的變革成為晚清政府的選擇。此後，進行政府導向的「制度變革」逐漸成為晚清中央政府的共識。這要分兩個階段來敘述，一是戊戌新政時期；一是清末新政時期。戊戌新政因既得利益者的反對而失敗，但改革的思路在隨後的「清末新政」階段被繼承，並隨著時代的要求加以創新。江西人民開始覺醒了，思想觀念也大大改變，要求維新圖強並積極投身於戊戌變法運動之中，各行各業皆呈現一派新氣象，江西積貧積弱的社會狀況得到一定程度的改觀，並逐漸走上近代化的道路。

第一節 ▶ 江西的維新思潮

一　甲午戰爭失敗後的江西社會

（一）抗戰、拒約的努力

　　一八九四至一八九五年日本發動了侵略朝鮮和中國的甲午戰爭（因戰爭爆發於舊曆甲午年而得名）。一八九四年七月二十五日，日本突然襲擊我國北洋水師，八月一日，清朝政府在寄望於外國調停無望的情況下，被迫對日宣戰，甲午戰爭全面展開。

　　戰端開啟，清朝政府先是海戰慘敗，繼而陸戰大敗。為防日寇侵入內陸，江西巡撫德馨提出「合辦江防」的建議，得到清政府的肯定。所謂合辦江防，即長江中下游數省，互為援應，共同禦敵，對外軍事作戰一體化。例如考慮到江蘇、浙江等沿海省份

是對敵前沿，極有可能成為戰爭重地，時任兩江總督，南洋大臣劉坤一即令江西調兵馳援，協助防禦。一八九四年八月六日，即中日戰爭爆發的第六天，劉坤一給江西巡撫的信函中就指出：「尊處『合辦江防』，欽奉恩諭，已電達湘、鄂、蘇、皖各省。就鄙見所及，目下蘇皖恐無兵可撥，湘、鄂則必有異詞，所仰仗者唯有大部。西省（江西省）練勇亦少，但得三營，派一統帶束來，即足以資臂助。目前或駐金陵，或駐鎮江，將來察看情形，以定進止。總須作為一路，決不令其分馳。」[1]同年十月，當關外戰事吃緊時，江西又奉調「剛字」、「吉字」等五個營的精兵，由提督孫道發統帶，兼程北上，奔赴抗日前線。所需軍械糧餉，全由江西省自己籌措解決。這是江西省在中日甲午戰爭中所做的直接貢獻。另外，江西為支援國家作戰之急需，在短短幾個月內，迅速籌集錢款二十三萬餘兩，解交戶部。其款額，遠高於一些富庶的省份（如湖北、四川，僅 13 萬兩左右）。同時，江西在長江重鎮、省城戶口九江等地，增強兵力，加固防禦，嚴陣以待，使朝廷無後顧之憂。可以說，江西在甲午戰爭中，是盡了自己最大努力的，承負了巨大的犧牲。

儘管全國人民同仇敵愾，做出了巨大的戰爭努力，清朝軍隊仍然不敵裝備精良、訓練有素的日本軍隊。前線敗訊接二連三傳來，動搖了手握軍政大權的慈禧太后的本不堅定的戰爭信心。一

1　劉坤一：《致德曉峰函》，光緒二十年七月初六日。見《劉坤一遺集》信函卷，中華書局 1959 年版。

八九五年二月，慈禧決意求和，派權臣李鴻章去日本商談停戰事宜。四月十七日，李鴻章在日本馬關，與日本全權代表伊藤博文簽訂《馬關條約》，承認日本在朝鮮的控制權；割讓遼東半島、台灣全島、澎湖列島給日本；賠償日本軍費二億兩銀；開放沙市、重慶、蘇州、杭州為商埠等。從內容可以清楚地看出，《馬關條約》完完全全是一個不平等的條約，帶給中國人民的是恥辱，加速了中國半殖民地化的進程，加劇了中國的民族危機，使中華民族到了最危險的時候。

《馬關條約》簽訂的消息傳到國內，激起各階層人民的憤慨，「拒約」、「再戰」的愛國聲浪一時間席捲全國。時值會試之期，各省舉人彙集北京應試。聞聽條約簽訂的消息，群情悲憤，紛紛上書，反對《馬關條約》，這就是中國近代歷史上著名的「公車上書」（漢朝舉人應試，皆乘公車，故後人稱應試的舉人為公車）。江西舉人李瑞清、張炳麟分別偕同湖南、江蘇、山東、湖北等省舉人上書，列舉條款禍弊，要求拒絕簽字，繼續打下去。五月一日，程維清等一百二十名江西舉人，聯合公呈經由都察院上奏朝廷，堅決反對簽約，並且以本省為例，指出條約對江西省「剝膚之痛、切近之災」者四：一、「江西地勢居各省之中，惟九江為通商口岸，若倭人內地雜處，則形勢盡失，萬一有警，無險可扼」；二、「利源所在，以瓷器、茶葉、布匹、紙張為大宗。倭人設立機器製造，壟斷居奇，一切利權均歸他族」；三、「土貨悉變為洋貨，關稅既少，釐金又絀，國用所資，無從措辦」；四、「利源既失，富者皆貧，貧者益困，飢寒交迫，流而為盜，完善之區，皆成荊棘」。「具此四害，流毒無窮」，「要

求朝廷，審時度勢，慎簽條約」。[2]

江西舉人的集體上奏，其簽名之多，在當時各省「公車上書」之中，僅次於廣東（289 名）而高居第二，就其影響而言，很具說服力。

另外，江西舉人羅濟美，曾兩次單獨上書，這是各省「公車上書」中所沒有的事例，而且，他的奏文言辭激烈，以致兩次呈文都使都察院為難，因為「字句間未有盡檢點之處」頗多，最後只是迫於全國拒約聲潮的壓力，都察院才不得不以「事關重大、情詞迫切，」「不敢壅於上聞」為由，勉強予以轉奏。[3]

羅濟美的第一次呈文，標題就是「請誅首惡」。文中指出，作戰中，淮軍水陸各將，未見敵蹤而聞風逃竄，屢戰屢敗，皆出於「李鴻章賣國旨意」；和議時，李鴻章「欲速亡我朝之熟計，為倭主稿，以潛就其劉豫、張邦昌之謀」，達就賣國求榮之目的。強烈籲請誅李鴻章，廢約再戰，並獻「戰策」六條，即嚴守天津及沿海各口；延集人才參佐軍務；括集閩粵船民，往襲日本；攻敵之虛，恢復遼東；招集綠林鏢客分營安插；優獎勇戰將領等。尤其應注重多設疑兵伏兵，日誘夜襲，沖腹抄尾，任其無日不戰，無夜不驚，則「勝負自可逆料」。[4]激憤之情，愛國之

2　江西舉人程維清等呈文，光緒二十一年四月初七日都察院代奏，引自《江西通史》，江西人民出版社 1999 年版，第 660 頁。

3　都察院《代遞江西舉人羅濟美等條陳折》，光緒二十一年四月十五日。引自《江西通史》，江西人民出版社 1999 年版，第 660 頁。

4　江西舉人羅濟美呈文，光緒二十一年四月十一日都察院代奏。引自《江西通史》，江西人民出版社 1999 年版，第 660 頁。

心，溢於言表。

羅濟美的第二次奏文，是在得知朝廷批准《馬關條約》之時。他再次呼請拒絕和約，追回成命，舉國上下，全力殺敵。這篇奏文，因為是都察院當時為應試舉人代奏的最後公文，因而為全國「公車上書」畫上了一個悲壯的句號。

與「公車上書」遙相呼應的是江西省內聲討《馬關條約》的呼聲也非常強烈，「同稱願戰不願和」的決心非常堅定。如當時報刊採訪所述，江西「官紳士商聞之（馬關條約即將御印的消息），莫不憤懣填胸，甚至泣下數行者。江撫德曉峰（德馨）中丞，即傳齊文武員弁商議，同稱願戰，不願和。並電商兩江督憲張香帥（張之洞）意見如何，旋准電復『已經電奏戰守各策，不必議和』。中丞亦即電奏：願戰，不願和。士商則欲重聘英、德各將，包守包戰，暫紓急難。現此情形，可見仗義執言，出於公忿，固不以勢位而殊也。孰謂民心之不可恃戰！」。[5]

在《馬關條約》業經清廷批准，正待換文之際，五月四日，德馨又列名參加東南二督五撫的聯名電奏，懇請朝廷展期換約。電奏稱：「展限數旬，停戰議約」。以期延緩換約，等待列強各國交忌相爭，逼迫日本作出讓步。[6]

省城南昌，對日本強迫清政府簽訂《馬關條約》莫不憤慨，

---

5 見汪叔子家藏：《海上報章類抄》（未刊稿），光緒二十一年四月。

6 總理各國事務衙門收《南洋大臣張之洞等來電》，光緒二十一年四月初十日到。

尤其是「經訓」、「友教」、「豫章」等各大書院，更是借考題寓意拒約抗戰，如經訓書院院長皮錫瑞出題：「讀金史交聘表，擬討倭檄文」，江西布政使方佑民親自為友教書院命題：「知和而知不以禮節之」；「宣王憤起揮天戈」；「王往而征之」等等，南昌士紳乃至官員聽到這些考題，「皆知其命意所在，為之點首鼓掌者再」。[7]

（二）貧窮落後的加劇

自太平天國運動（1853 年西征江西起）和九江開埠（1862 年）以來，特別是中日甲午戰爭以後，江西經濟形勢是每況愈下，一落千丈。江西巡撫李興銳評估江西省力時，曾嘆惜道：「江省入款，歲不敷支者甚鉅」，「綜計每年仍短百萬有奇……實已庫空如洗，無可搜羅」。[8]也就是說，每年江西財政收入百萬兩銀左右，而日常支出卻不下兩百萬。江西本是盛產大米之鄉，因連年災旱等原因而拖欠國家正供錢糧過多，占全國第二位。[9]省府的窘況是江西民窮的集中反映。自洋貨大量傾銷後，江西傳統的自然經濟遭到嚴重的破壞，自給自足且源源不斷地大量供奉朝廷的盛世一去不還，貧窮與落後的命運從此一直伴隨著江西整個晚清時代，及至民國時期。

---

7 見汪叔子家藏：《海上報章類抄》（未刊稿），光緒二十一年四月及五月。

8 《義和團檔案史料・江西巡撫李興銳折》，中華書局 1959 年版。

9 《光緒朝東華錄》，光緒十二年（1886 年）七月，中華書局 1958 年版。

外國資本主義的商品經濟猛烈衝擊著江西封建的自然經濟，造成江西優勢產業如手工業、商業的紛紛破產。江西盛產茶葉、棉花、毛竹等，茶業、紡織業、造紙業盛榮，到十九世紀末，普遍走向衰敗。由於外商的盤剝和洋貨的擠壓，江西茶業「破產貽盡」；[10]紡織業以往「郡民一燈瑩然，機聲徹曉，今無之矣」；[11]造紙業也「難免天演淘汰之悲」。[12]同時，由於傳統商道的改變及內陸河運出現機器輪船作業，原有人力船「廢業者逾半」，[13]原有商販十之八九失業。太平天國時期，江西是主要戰場之一。太平天國最初實行聖庫制度，且在各防守城鎮為防範奸細潛入起見，不准私人開設商店等經商活動，對江西「民力拮据、百貨滯銷，商賈類多歇業」[14]的蕭條景況有著直接的影響，相應地阻礙了江西生產的發展。此時的江西，由於戰火蹂躪、湘軍的焚搶、朝廷的釐稅以及太平軍在戰爭中客觀上的破壞，遭受了晚清時期空前的浩劫，社會經濟秩序嚴重混亂，民力、省力從此一蹶不振，加重了江西貧窮與落後的命運。

破舊要有立新，否則局面不可收拾。從鄰省乃至全國範圍看，傳統自然經濟的破壞普遍存在。從十九世紀六〇年代開始，至九〇年代止，一大批封疆大吏如李鴻章、左宗棠、劉坤一、張

---

10 中國人民大學編：《中國近代經濟史》，中國人民大學出版社 1979 年版，第 133 頁。

11 《撫郡農產考略》卷下，光緒二十九年撫群學堂校刊本。

12 《時報》宣統三年正月二十八日，引自《中國近代經濟史》。

13 《洋務運動》第一冊，上海人民出版社 1961 年版，第 138 頁。

14 《中國近代手工業史資料》，第一卷本，第 593 頁。

之洞、丁寶楨等，紛紛興辦洋務企業，學西方科技之長，造西方利器之堅，在上海、福建、廣東、湖北、浙江等地辦起了一大批新興企業，如江南製造總局、上海輪船招商局、上海機器織佈局、福建船政局、廣州機器局、湖北槍炮廠、湖北冶煉廠、浙江機器局等等，江西鄰省大都在一兩個大型新興企業的帶動和輻射下，生機勃勃，經濟有了相當的改善和發展。而相比之下，贛籍官員，則是「道咸之交，陳孚恩、萬青藜、胡家玉，同時在高位，被人擠陷，一僕不再振。……自家玉罷後，垂三十年，江西無三品京官」。[15] 無一如左宗棠、張之洞這樣有威望的封疆大臣，申請不到巨額官款辦廠，本省又無資金，洋務官辦大企業一個也沒有。作為一省之長——巡撫，江西在晚清時期，即一八四〇年到一九一一年短短七十年內，前後巡撫竟達三十人，尚不含臨時性的「暫署」、「護理」巡撫，幾乎每兩年更換一任巡撫。可謂來也匆匆，去也匆匆，到任短暫，何能盡職？一八六二年到一八七八年任職江西巡撫的是沈葆楨、劉坤一、劉秉璋，他們本是有名氣的封建官僚，且任職於洋務興盛時期，這本來應該江西發展最好的時機，但他們任職江西時，沈葆楨集力於鎮壓太平軍；劉坤一奔波於防旱救災；劉秉璋盡孝於母親終養，多次乞休。江西洋務運動發展的第一次歷史機遇，即失之於這些「名臣」之手。而自中法戰爭至甲午戰爭這中間十年，作為發展「洋務」工商業的又一次有利機會，更敗於庸撫德馨。德馨，滿洲

---

15 胡思敬：《國聞備乘》，四川人民出版社 1985 年版。

人，一八八四年十一月到一八九五年九月任職江西十一年，是江西巡撫任職時間最長的人。他只知享樂及時，不知辦事何為，通查《光緒朝東華錄》，這十多年內，德馨的奏事，除了稟報會黨活動和鎮壓會黨經過外，很少有其他奏章。德馨酷愛戲樂，上任伊始，南昌知縣汪以誠即投其所好，常以酒宴戲樂相邀，通宵達旦享樂，荒於政事，被參奏後，僅革職汪氏知縣了事。[16]十年後，即一八九五年，德馨秉性難改，依舊沉迷於歌舞聲中，被御史高參奏為「貪婪荒縱」，此時，正逢甲午戰爭，天庭才動真怒，下旨撤辦，所屬迎合之輩，如餘干縣知縣何其坦，德安縣知縣朱士林、萬載縣知縣周鳳藻，上饒縣知縣朱錫祁等等一概被革職。[17]當時有人賦詩譏諷德馨道：「廣求鐘乳三千兩，遠聘黎園十萬錢。聖主憂勤臣獨樂，可憐遼瀋遍烽煙。」[18]講的就是德馨在中日甲午戰爭這個全國群情激憤的時刻，卻仍在聽樂唱戲，歌舞昇平。其他巡撫，對如何發展江西經濟，興辦新型企業，不是一籌莫展，就是碌碌無為，安於現狀，不思進取。江西貧窮與落後的面貌得不到改觀，與江西巡撫大員的無所作為不無關係。

二　江西的維新思潮

（一）維新思想在江西的興盛

16　《清實錄》第 55 冊，第 59 頁。
17　《清實錄》第 56 冊，第 883 頁。
18　《後樂堂集》，《中日戰爭》（五）。

甲午戰敗，給中國人民帶來沉重的打擊。這個打擊不僅僅是軍事上的，更主要是思想上的。曾令國人驕傲的北洋水師，是清政府重點經營的驕子，船堅炮利，竟不敵小小的日本海軍而全軍覆沒；曾令國人敬畏的淮軍湘軍，兵多將廣，面對一個小小的日本陸軍竟兵敗如山倒。原因何在？不能不引起國人沉重的思考。

　　《馬關條約》簽訂之後，掀起了帝國主義列強瓜分中國的狂潮。列強各國，通過一個個不平等條約的簽訂，蠶食中國領土，東北成為俄國的勢力範圍，山東劃歸德國的勢力範圍，滇、桂、粵三省變成法國的勢力範圍，長江中下游及香港統歸於英國的勢力範圍，台灣及東南沿海變為日本的勢力範圍，美國遲晚了一步，則提出「門戶開放」，共享列強在中國的利益。慘遭弱肉強食的中國，更進一步走向半殖民地化。中國未來的出路何在？不能不引起國人苦苦的求索。

　　面對民族危機的加重和半殖民地化的加深，有識之士首先警醒的是：傳統封建體制不合時宜了，洋務運動也不過是花拳繡腿，要救中國，必須轉變思想改良政治，必須求變，由此而興起轟轟烈烈的全國範圍的維新運動。

　　江西士紳思想觀念的轉變和維新變革思想的產生，在全國也表現得非常明顯。一八九五年七月以來，省府南昌，「洋板書鋪中異常熱鬧」。[19]士紳們紛紛購閱時務書籍，尤其是《時務策學》

19　汪叔子家藏：《海上報章類抄》，光緒二十一年六月。

這類書籍，更是「暢銷之至」，幾乎是人手一冊。[20]士紳們交談的主題，不再是官道八股了，而是時務救國，就是街談巷論，也以時務為先。一八九五年夏，維新求變思想活躍的文廷式（時任翰林院侍讀學士）回到家鄉江西，在南昌與經訓書院山長、經學大師皮錫瑞相晤，「縱談時事」。皮錫瑞以經訓書院為基地，公開鼓吹維新之風，「極言變法不可緩」，不顧地方守舊派的「或相嫉視」、或「陰實阻之」，講學、考試，皆注重經世之學，並以培養新式人才，開通社會風氣為己任，極大地促進了江西的「學風丕變」。[21]江西鄉試，變以時務為題。當時維新報刊《知新報》曾對此作如是評價：「聞今科（1897年）各省得士之盛，以江西為最。所取解元宋名璋及沈壯（兆）祉、胡栩、李兆虛、吳繆、李澤南等，皆知名人士。主試者為張野秋祭酒、李家驥太守，所試題目，悉皆時務，故得人之盛，甲於行省也」。[22]

智時務，講時務，求維新的思想，江西在全國表現是比較突出的，湧現出一批譽名全國的維新思想先覺者，如陳三立、文廷式、陳熾等。他們不僅為江西社會風氣的轉變，也為全國維新思想的興盛，起著身體力行的效應。

以舊體古詩見長的陳三立，甲午之後，感慨「國亡久矣，士

---

20 汪立元致租卿先生書，光緒二十三年七月二十八日，見《汪康年師友書札》上，上海古籍出版社 1987 年版。

21 皮名振：《皮錫瑞年譜》，未刊稿。

22 《知新報》第三十八冊，光緒二十三年十一月初一日。

大夫猶冥然無知，動即引八股家之言」[23]的現狀，心懷危亡之
憂，「慨然思想新變法，以改革天下」[24]為己任，毅然「令（家中）
子弟改業西學」，[25]宣傳時務，並贊襄其父湖南巡撫陳寶箴實施
新政，倡設時務學堂，薦引維新派新銳梁啟超任總教習，講學、
育人，皆以時務為準，為使湖南「成為全國最富朝氣的一省」[26]
而奔波忙碌。

　　思維敏捷、言辭尖銳的文廷式，甲午之前即任四品翰林院侍
讀學士兼日講起居注官，他的思想，直接影響著光緒皇帝的決策
思維。由於深得光緒皇帝的賞識，文廷式成為帝黨維新變法的智
囊型人物。他在甲午戰後，總結自鴉片戰爭以來學西方的歷史教
訓時深刻寫道：「數十年來治洋務」，設船政、通電報、開機器、
創海軍，結果卻「一戰法蘭西而敗，再戰日本而大敗」，原因就
在於沒有相應的政治制度與人才機制。而西方富強的根本是立議
院以通上下之情，興學校以作天下之才；封建「治術」的歷史合
理性已經走到盡頭了，「至今日而又將大變」，朝著西方議院式
的民主方式而變，這才是目前救亡圖治的根本之路。[27]

　　文廷式對維新思想的大聲疾呼，在封閉與沉思的當時，對國
人起著振聾發聵的作用。不僅如此，他在光緒二十一年（1895

23　譚嗣同：《興算學議‧上歐陽中鵠書》，光緒二十二年刻本。

24　范文瀾：《中國近代史》上冊，新華晉綏分店 1947 年版，第 301 頁。

25　譚嗣同：《興算學議‧上歐陽中鵠書》，光緒二十二年刻本。

26　陳三立：《散原精舍文集》卷五，《巡撫先府君行狀》，中華書局 1949
年版。

27　見《讀（海國圖志）書後》，《文廷式組》卷二，中華書局 1993 年版。

年）夏，請假回籍，南返至贛時，也力倡教育改革。他建議江西地方大吏，將省城南昌仍專八股文的「豫章」、「友教」等主要書院，仿照西方學制，改為分設政事（時事）、文學、言語（外語）、藝學（工科）、格致（理科）、陸軍、海軍等專科，教授新學，培養「文與武合，士與商通」的新人才，同時還建議創辦機器礦務局，振興地方經濟。他自己身體力行，率先在萍鄉創辦「廣泰福」行，以西法採煤、煉焦，一度成為湖北槍炮廠的搶手貨。在他的帶動下，萍鄉安源出現多家煤礦、焦廠。萍鄉安源成為近代中國的「煤都」，成為晚清全國首家大型礦冶聯合企業「漢冶萍公司」的煤焦基地，有文廷式的一份功勞。

假滿回京，文廷式參與創辦全國第一個維新政治組織——京師強學書局，購置西方書籍，定期集會宣講維新時務。一八九六年夏，他在上海參與籌辦《時務報》，使之成為維新變法運動的主要喉舌。對於文廷式頻頻的維新舉措，頑固派恨之入骨，屢次彈劾他，光緒皇帝在慈禧太后的壓迫下，無奈地下旨，將文廷式革職永不敘用。文廷式成為維新派同守舊派鬥爭的第一個犧牲品。

戶部郎中兼軍機章京陳熾，早在甲午戰爭前，即一八九四年，就撰寫了專談時務維新的著作——《庸書》。他在書中大談改革變通思想，認為洋務運動時提出的「中學為體，西學為用」口號，不合時宜，應提倡「中學西學，合同而化」，「惡西人而

擯棄西法……愚也」；[28]「唯我獨尊」的天朝思想要更新，君主專制政體要變革，倡議實行西方的議院制，上下相通，政順民安。[29]《庸書》的問世，在當時社會上引起了很大的反響，不少書局競相刊印，一版再版。有鑑於此，光緒二十一年（1895 年）四月，大學士翁同龢以此書進呈光緒皇帝御覽。甲午戰後，國人大反省，有志之士，高呼變法維新，一時變法思潮席捲全國。陳熾是這一思潮的有力推動者和積極參與者。他廣交維新派，經常引薦維新派首要代表康有為拜見、遊說當政要人，並為帝黨代表翁同龢與康有為起草了十二條新政意旨，即最初的變法大綱，在帝黨與維新派之間起著聯絡、撮合的作用。他建議康有為：「辦事有先後，當以報先通耳目，而後可舉會」。[30]並捐助資金，使近代中國最初的維新報──《萬國公報》得以在一八九五年八月刊行。爾後，陳熾又頻集維新志士，謀開新會，集體捐資，於是年八月成立震動一時的強學會，陳熾被公舉為提調。學會三日一會於北京嵩云草堂，商談時政，抗聲救亡，來者日眾，影響日巨。十一月，京師強學書局成立，陳熾為總董。陳熾等維新派的系列舉措，不僅打破了封建王朝不許結社立會的禁規，而且極大地喚醒了國人，推動了變法維新的早日到來。

　　繼北京強學會之後，上海強學會也相繼成立，江西人鄒凌

28　陳熾：《庸書·大學·西學》，1894 年版。
29　陳熾：《府書·議院》，1894 年版。
30　《康南海（有為）自編年譜》，光緒二十一年六月，中華書局 1992 年版。

瀚、陳三立、文廷式等是其主要發起人。陳熾不但捐銀兩百元，還擔任在京為《時務報》收集捐款與推廣銷售的工作。

（二）維新報刊在江西的傳播

甲午戰後，全國維新思潮洶湧，維新報刊也如雨後春筍，相繼成立。當時比較有名的報刊如《萬國公報》《中外紀聞》《強學報》《時務報》《知新報》《農學報》等，其發行量雖然有限，但其影響都深遠廣大，從《時務報》在江西的傳播，就可見一斑。

上海強學會遭封禁後，汪康年、梁啟超、鄒凌翰等維新派利用該學會餘款，於一八九六年十月在上海創辦《時務報》，陳三立、文廷式、陳熾等江西人為《時務報》的創立，紛紛解囊相助，並出謀劃策。《時務報》每十日出一期，以宣傳「救亡圖存」為宗旨，不僅在當地報界獨占鰲頭，在京師、內地，尤其是在江西，也是名噪一時。

《時務報》在江西受理捐款、代理銷售的處所，主要以鄒凌翰、鄒凌沉兄弟所居南昌系馬莊鄒公館及其主辦的九江福康輪船公司為主。另外還有旅贛的汪立元和汪德年、江儀賓等住處，及各地的電報局，皆代理過《時務報》的銷售事宜。鄒凌翰兄弟為了籌辦報務經費，在南昌「逢人勸助款項」，[31]甚至帶頭捐獻，公諸報刊。汪立元在江西也是「到處揄揚，逢人慫恿，以期暢

31 《汪康年師友書札》（三），《鄒凌翰致秩卿書》，光緒二十二年。

行」，他向《時務報》主辦汪康年通報江西對維新報刊渴求的情況時寫道：「即就撫州而論，自弟等來後，每逢士紳，不惜剴切勸導。數月之間，以一傳十，聞有志者亦已不尠，皆欲購看《萬國公報》，若知此報（《時務報》），勝於《公報》，尤必爭先快睹」。[32] 由於汪立元「因遍托知好，設法推廣，旬月之間，銷報幾及百份」，[33] 一八九七年夏，《時務報》將先前各期「重行精校，縮付石印」，分寄發售。此訊傳來，適逢江西丁酉鄉試屆臨之時。「江省風氣漸開，縮本報尚未來，而至元（汪立元）處詢問者，已不乏人」。江西士紳舉子，「來索觀者踵相接」。[34]

　　《時務報》在江西銷售的具體數目，就已知史料只能得其大概：一八九六年下半年，定購四十二份，零購四十本；一八九七年，各期定購四百五十份左右，零購四百一十份，定購「縮本報」一百八十五部；一八九八年，經汪德年經手在贛銷報款額一千一百餘元推算，每冊《時務報》售價一角五分，當合七千三百餘冊。《時務報》在江西的銷售，在全國居領先地位。

　　由於《時務報》針對時政，宣傳救亡圖存的影響，加之鄒凌翰、汪立元等人的奔波、鼓動，江西地方官員曾下公文飭購《時務報》，兩江總督劉坤一傳檄所屬蘇、皖、贛三省，飭令購取《農學報》《時務報》，分發紳董及書院士子傳閱，「以廣見聞而

32　《汪康年師友書札》（上），《汪立元致穰卿書》，光緒二十二年、
　　　二十三年。

33　同32。

34　同32。

資參考」。江西布政使翁曾桂，旋即於一八九七年通飭全省各府廳州縣，強令購置《時務》《知新》《商務》等報，分發書院、紳董等。他認為：「新出諸報，以《時務報》為最佳，《知新》《商務》等次之。諸報議論宏遠，採擷精詳，閱之足以增識見、恢抱負，洵用世之先資，濟世之利器。」[35]

不僅《時務報》在江西受到青睞，《萬國公報》《農學報》《算學報》《商務報》《知新報》等在江西也有一定的市場。這些維新報在江西的傳播，對啟迪江西士紳思想、激盪江西維新思潮，起著直接的作用，為江西維新變革的實施，提供了堅實的思想準備。

第二節 ▶ 戊戌維新運動在江西

一八九八年六月十一日，光緒皇帝頒佈「明定國是」詔書，宣佈變法，九月二十一日，慈禧發動政變，囚禁光緒帝，終止變法。其間共一百〇三天，史稱「百日維新」。因該年為戊戌年，又稱「戊戌變法」。在這一百多天內，光緒皇帝頒發了一系列詔書，內容涉及政治、經濟、文化、軍事等各個領域，雜而無序，急於求成，雖如此，仍然掀起了全國維新變革運動的高潮，給亙古不變的封建統治秩序一個沉重的打擊。

---

35 翁曾桂：《飭各屬購（時務）等報分給書院札》，光緒二十三年，見《江西通史》第 672 頁。

江西維新變革的社會實踐，從甲午戰爭後就悄然進行，只是到一八九八年（戊戌年），加快了步伐，表現於公開而集中。維新變革的內容，涉及廣泛，主要歸結於政治、文化、經濟領域。

一　政治領域的維新變革

　　從一八九五年京師強學會的成立，到一八九八年「百日維新」詔令馳禁結社集會，其間各地會社紛紛湧現，呈現一派政治開放的變革局面。這個時期，江西會社也如雨後春筍，相繼成立。比如廢時文會、奮志學社、勵志學會、同心會、醫學會、講學茶會等，在當時比較有影響。

　　廢時文會於一八九八年六月由吳亮勳、章啟祥、沈兆禕、沈兆祉、吳璆等人發起創辦。該會以「時文積弊太深，愚我震旦，抑我士氣，為患靡窮」[36]故，擬就《請廢八股、改科舉疏》上達，條陳八股文（「時文」）之害，臚舉科舉之利，認為八股文與纏足、鴉片並列為國家民族三大弊害，非禁廢不可，於是繼衛足會、禁煙會之後，成立廢時文會，並將該會《緣起》《章程》等送達《知新報》《時務報》等報館，「刊入報首，號召天下」，[37]向世人表明廢時文會對請廢八股文的決心。

　　奮志學社於一八九八年五月由江西候補典史李榮植邀集省內「力圖自奮」的官員六七人發起創辦。該會專意講求史治、時務

36　「章啟祥致穰卿先生書」，見《汪康年師友書札》。
37　同 36。

及經世之學，每月在南昌鬧區城隍廟內集會講學一次。爾後改辦奮志學堂，「專為佐貳肄業之所」，[38]即知府、知州、知縣的輔佐官的培訓學校。可見，這所民辦的奮志學堂得到省府的大力支持，兼有為官府培養人才的職能。

勵志學會於一八九八年五月由周應熙、翁寶仁等江西候補官員創辦。該會宗旨與奮志學社大致相同，也設立吏治學堂，成為「敕令肄業之所」，專門為地方官員培訓吏治、時務，課程分內政、外交、理財、經武、格物、考工六門，南昌知縣江毓昌主持督課，校址設在南昌城隍廟，經費主要由省府撥款解決。巡撫與藩臬兩司每月面試學員一次，獎優罰劣，成績與官職掛鉤。學堂規模與影響勝出奮志學堂。

此外還有同心會、醫學會、講茶會，皆以宣講、評說維新變法為主旨，積極推動江西的變法維新。

光緒皇帝在戊戌變法詔令中，要求各地大力改革吏治，裁撤重疊機構，裁汰機構冗員。由於「百日維新」期間，正是江西巡撫德壽與松壽交接換印之時，省政一度由布政使翁曾桂代理，故江西在執行變法詔令中有不到位或不得力的地方。雖如此，仍裁減綠營兵兩千名，留兵三千名，又添募新兵一千名。儘管政治改革方面，動作不大，功效甚微，但江西仍然積極投身於變法運動中，不曾對變法有絲毫的抵制甚至對抗。

38　翁曾桂：《創設史治學堂折》，光緒二十四年七月二十八日，見《戊戌變法檔案史資料》。

二　文化領域的維新變革

　　早在一八九五年，正當甲午戰敗、全國救亡圖新高漲之際，有鑒於民智未開，陳熾就先知灼見地提出：「辦事有先後，當以報先通耳目。」第二年，江西即曾籌議「開報館」，並擬「請德化戴君伯誠主筆」，[39]當時因經費問題而擱淺。到一八九八年夏，鄒凌瀚、鄒凌沅等在南昌再次籌創報館，報址廠房、印刷機器等購置妥當，行將開辦發刊，「戊戌政變」發生，禁開報館，鄒氏兄弟遂採取以書代報的辦法，編印《通學彙編》，十天出一冊，繼續傳播新學。

　　戊戌時期，江西正式出版的唯一的一份維新報刊，是《時務菁華報》。該報創刊於一八九八年九月十六日，由萍鄉知縣顧家相之子顧燮光主辦，館址設在縣衙內。登載內容為中外要聞薈萃，如諭旨、奏摺、中外政事、實學匯要、經濟文萃等。報刊僅出三期，即因「戊戌政變」發生而停辦。

　　戊戌變法在文化領域的新產物，除了報刊之外，新式學堂的湧現，也是一大成果。

　　一八九七年六月，鄒凌瀚、鄒凌沅、胡發珠等倡議設立「務實學堂」，蒙獲省撫德壽的批准，「一切學堂事宜，概歸紳士經理」，「所有一切規模，悉照京師大學堂章程具體而微」。[40]校址

39　「汪立元致穰卿先生書」，見《汪康年師友書札》（上）。
40　翁曾桂：《遵旨設立學堂以宏教育折》，光緒二十四年八月二十二日，見《戊戌變法檔案史料》。

設在省城西昌書院左旁，聘請江西學政江標為總教習，講授以時務、經濟、算學為主。學校一切費用，由各州縣籌捐一部分，省財政從丁漕銀中劃撥一部分。在得到朝廷的認可後，一八九八年，務學堂方始成立。雖然籌辦甚艱，但務實學堂畢竟是江西官辦新式學堂的第一所。

繼之新成立的官辦新學堂還有：南昌的「中西學堂」，新昌（今宜豐）的「中西學堂」；萍鄉的「時務學堂」等等。這些新式學堂，皆摒棄舊式教育，一切以實務為先，但雖屬官辦而且時髦，卻因經費不足而蕭條。

除官辦外，江西還出現第一所私立學校，名叫「經濟公學堂」。該校由鄒凌瀚兄弟創辦於一八九八年五月十六日，租用民房為校舍，聘用精通英文洋務者任教習，講授以實務為主，包括西學、英文。與學校聯為一體的「致知書局」，專售時務書籍，如陳熾的《庸書》《續富國策》，鄭觀應的《盛世危害》等，使之成為江西的熱門書籍。

三 經濟領域的維新變革

與政治、文化領域相比，經濟領域的維新變革，顯得尤為活躍，各行各業湧現出一批新事物，並且初見成效，為江西積貧積弱的經濟，灌注了一股新鮮活力。

1. 農業。一八九六年三月，翰林院編修蔡金台等人在江西高安縣設立蠶桑學堂。這是一所實業性的學堂，也是晚清中國第一所農業專科學校。該學堂從浙江湖州採購桑秧蠶種，試驗栽培，研求種桑養蠶之法。培育的學生，來自鄰縣各地，學成後各

歸故里，推廣養蠶，為江西桑蠶業的發展，立了首功。繼之江西布政使翁曾桂，在南昌創辦蠶桑局。該局參照學校例，以培養人才為先，又仿製公司例，將購至的桑秧十數萬株，免費分發鄉民栽種，配之以《蠶桑輯要全書》《種桑秧簡便法》《種桑事宜》《養蠶良法》等簡便教材，待到桑成蠶就時，蠶桑局則廣為收購，保障銷路，便民富贛，為當時一大創舉。

在蠶桑學堂和蠶桑局的帶動下，蠶桑生產在江西旺盛興起。各地也相應成立「蠶桑局」，各地官府也因省憲的倡導，積極支持，甚或躬身試辦，延至一八九八年戊戌改變時，江西的蠶桑業，一直興旺不衰。

2. 航運業。鑒於木帆船業經不起洋人輪船業的擠壓而紛紛破產，蔡金台等數次倡議「稟請創辦內河小輪」「以擴商務」，因兩江總督劉坤一的阻撓而「卒至中止未行」。[41]一八九六年初，鄒凌翰兄弟約合蔡金台、陶福履（翰林院庶吉士）及部分紳商，再次向兩江總督張之洞、江西巡撫德壽，呈請開辦九江內河小火輪，目的是「疏通土貨，拖帶船隻，力爭先著，以維商局，以保權利」。[42]張之洞為情所動，允準成立江西商輪公司，並得到總理衙門的批准。很快，江西第一家輪船公司——福康輪船公司終於於一八九六年七月正式成立。公司集資六點八萬元，購置大小

---

41 《清德宗實錄》卷三百八十五，見南開大學編《清實錄經濟史資料輯要》第 253 頁。

42 張之洞：《張文襄公全集》，文華齋 1928 年印，第 3138 頁。

火輪六艘,開通航線三條(南昌、吳城、饒州),業務不斷擴大,營運狀況良好。

其後,和濟小輪公司、順昌協記小輪船局,相繼於一八九八年在九江成立。和濟小輪公司為地方股富熊寶臣、馬鏡亭等人創辦,創辦股金三萬元,購火輪四艘;順昌協記小輪船局也屬商辦,創辦股金三萬元,購輪船三艘。

三家公司的成立並正常營運,打破了外國輪船公司在江西壟斷的局面,為江西的新政,增添了重重的一筆。

3. 工礦業。近代江西工業在全國一直居落後地位。戊戌維新時期,也只是在加工製造業方面有些變化。日見衰敗的景德鎮瓷業,從一八九六年開始,採購西洋機器,仿製洋式瓷器,擴大出口額,增強競爭力;樟腦業也於一八九七年初成立了第一家公司——吉安興利公司,試熬樟腦,竟得成功;曾經聞名全國的造紙業,由於不敵洋商機制之紙而蕭條,至戊戌維新期間,也開始傚傚西法生產紙張,維新派陳熾即曾在家鄉與人合辦製紙局,數年盈利達二十餘萬元。

礦業主要集中在萍鄉,以煤炭業為主體。一八九六年,文廷式等人集資創辦了廣泰福商號,經營萍鄉煤礦開採及焦炭燒煉。建有七廠十八井,煉焦爐五十座,併購置小輪船以運銷煤、焦,專供漢陽鐵廠,供量每月煤兩千噸,焦一千噸。

同年,彭樹華、文廷楷等人集股創辦萍鄉、宜春礦務,成立江西萍宜礦務利和有限公司,並得到贛撫德壽的批准和支持。該公司主要開採鐵礦砂,並收購民間采出的鐵砂,運銷漢陽鐵廠。

一八九六年,湖北礦政局及漢陽鐵廠在萍鄉開設官煤局,收

購煤炭並建廠煤焦。一八九八年，湖北官煤局又成立萍鄉煤礦，用機器大舉開採萍鄉、宜春煤礦，給江西煤礦業增添了繁榮的一景。

戊戌時期，江西的煤礦業除萍鄉、宜春之外，還有樂平、餘干、豐城等縣也大量開採煤礦。德興的金礦開採，也一直在積極地醞釀中。

綜上所述，江西在戊戌時期的新政，雖然步子不大，影響有限，卻初見成效，揭開了江西邁向近代化的帷幕。

需要特別書寫一筆的是，在維新變法期間，江西出了一位蜚聲全國的新政主將陳寶箴。陳寶箴（1831-1900 年），江西義寧州（今修水縣）人，以軍攻為耀。《馬關條約》簽訂後，他「痛哭曰『無以為國矣』，歷疏陳利害得失，言甚痛」。[43]從此致力於維新圖強事業。一八九五年十月，陳寶箴任湖南巡撫，「思以一偶致富強，為東南倡」，[44]著力整肅吏治，開礦建廠，宣傳維新，興學育才，編制新軍，講習自治，薦舉賢能等，使湖南成為當時全國維新變法「最富朝氣的一省」。[45]變法失敗後，他即遭到革職，攜眷回到江西，隱居於南昌城郊西山，未幾，突然「以微疾而卒」。[46]

43　《散原靜舍文集》卷五，《巡撫先府君行狀》。

44　《清史稿》卷四六四，《陳寶箴傳》。

45　范文瀾：《中國近代史》上冊，第 301 頁。

46　《散原靜舍文集》卷五，《巡撫先府君行狀》。

第三節 ▶ 清末江西新政

　　清末新政時期是我國傳統社會向現代社會轉型的重要時期。人們普遍認為中國的現代民族國家建設始於清末新政時期，有兩個表現：一是國家行政力量的強化；二是對傳統經濟社會的改造，培植不斷增長的國民經濟與民生體系。江西作為清政府的一個行政地區，在這一時期按照晚清政府的部署積極地推行新政。

一　實業政策的推行

　　近代江西，作為強有力的政府行為興辦實業之舉，當屬一九〇一至一九一一年的清末新政時期。其間，經過地方政府大力倡導，江西興辦了大量實業。[47]其主要原因是由於江西地方各級政府在中央的督導下積極推行「實業政策」，概括起來主要有如下幾項。

（一）設立振興實業的專門機構

　　實業的振興，當始於商業之振興。布政司柯逢時在稟文中談到商業的重要性：「就江西物產如土靛、甘蔗、苧麻等類，生於田疇，是商業之中有農務在焉。物用如瓷器、布匹、紙張等賴成於製造，是商業之中有工務在焉。商務興而農工興之俱興，是宜

47　近代，「實業」一詞的含義有廣義和狹義之分。廣義上，實業是指代以農、工、商、礦為核心的近代經濟部門或體系，或者指農、工、商、礦等各項具體的實業。狹義上，當時國人用實業與英文「Industry」相對應，「Industry」是指工礦業。我們採用的是廣義概念。

極力維持，設法整頓，不可視為緩圖者也。」[48]光緒二十七年（1901年）十二月，江西地方政府為整頓各業、振興實業，在省城成立商務局，並制定章程十四條，章程中除對各業貿易的釐稅作了調整和規定外，還鼓勵個人或多人經商，要求各業成立同業公所，規範貿易，以為各商與政府機構的中介。

　　光緒二十八年（1902年）四月，江西巡撫李興銳以本省實業未興，生財無術，奏設農工商務總局，督糧道劉心源任督辦，制定振興農工章程若干條，通飭各府州縣設立分局，派紳經理。二十九年（1903年）三月，農工商務總局由翰林院編修黃大壎任總辦，內設提調、文案等職若干。秋間，農工商務總局改為江西農工商務所，歸併到省藩署派辦政事處，另承商部咨文開設礦務公所。三十年（1904年）三月三日，署理江西巡撫夏「以振興實業必須官紳一氣，乃能有成」，且「派辦政事處諸務殷繁，勢難兼顧」，重新開設農工商礦總局，原政事處所轄之農工商務所、礦務公所歸併到總局，並通飭各府州縣設立分局，認真辦理，鼓勵民間廣設工廠，開山採礦，以藩司為總辦。[49]農工商礦總局積極採取振興實業的措施。三十年（1904年）秋間，農工商礦總局為振興工藝，構建陳列所，通飭各屬，將土產貨物，解送陳列，以資考驗而示改良。三十一年（1905年）九月，選擇

48　《贛省興商》《申報》1902年2月13、14日。
49　傅春官：《江西農工商礦紀略》南昌府‧農務。又見於《署江西巡撫夏崟奏農工商礦另設總局派紳隨帶學生出洋肆習片》，《江西官報》甲辰年（1904）第二十期。

各屬製造各品，委張倅寶鑑解赴京師，呈送商部陳列所。三十三年（1907年）二月，農工商礦總局擬遵端戴兩大臣奏案，將百花洲房屋，就勢修理，佈置建造公園，並將陳列所移植於公園內，以便觀覽。詳奉撫院瑞批准照辦，旋即派員監修，一俟工程完竣，即將陳列所貨物，先行遷移。[50]

江西各府州縣也相應地成立各種指導實業發展的行政機構。茲據《江西農工商礦紀略》所錄情況列表於下：

‧各府州縣指導實業發展的行政機構一覽表

縣名	機構名稱	成立時間	概況
宜黃縣	農工商務局	光緒二十八年十二月初二	夏令翊宸奉飭設立，照會紳士李文蔚等會同籌辦地方一切興利之事。
東鄉縣	農務總局及墾種分局	二十八年十二月	周令繪藻在昭忠祠內設立。勸修水利，興辦墾種。二十九年十二月，派紳士在西路將軍嶺賽陽關兩處，各設水利墾種分局。
東鄉縣	農田水利總局	三十年正月	何令敬釗在校士館內設立，四鄉設分局六所。二月，該令擬具農田水利禁約十條，辦法五條，刊刷考驗土產，查勘水利山地各表。

50 傅春官：《江西農工商礦紀略》南昌府‧工務。

蓮花廳	農工商務局	二十九年正月	暫借西門外育嬰堂房屋設立，舉定紳士，先行試辦種植。
興國縣	農工商務局	二十九年六月	孫令啟瑞在奉裁都司署內設立，會同紳士陳濬書等，籌辦墾荒事宜，李紳文濤為正辦。三十一年城內改為農工商礦總局，各鄉有分局三十餘處。
臨江府	農工商礦局	二十九年	在清江縣萬壽宮開辦。三十年遷於西門育嬰堂。
萬載縣	工商社會公局	二十九年	於城內設立，將原有出產改良製造，以裕生計而增稅課。（商務）
	農務專局	三十二年三月	職員龍明照自設立，捐廉辦理，不取絲毫規費，勸導種植，維持保護。
金溪縣	農工商務局	三十年正月	郭令立朝在城內三陸祠設立。另八月間，生員鄭培等勸捐稻穀二百石，擬定條規，設立保甲農務分局。
信豐縣	農工商務局	三十年正月十九日	在署內設，議定簡明章程八條。札委典吏杜觀保為會辦。諭紳士邱世濬曾傑、陳榮鎮為紳董，舉辦開墾種植等事。三十一年，加派張賡篁、生員林文榮為局紳。

浮梁縣	農工商礦公所	三十年三月	雇工十名在西門外操場、東門外沙洲，墾種麻靛烏柏香樟等類。
玉山縣	農務局	三十年六月	在縣城云台寺內設立，委縣丞黃海濤協紳勸辦，集股購種，推廣種植。在城業戶樂認股本洋 320 餘元，又經員紳赴鄉勸得農民股本洋 350 餘元，共洋約 700 元之譜。由在局員紳租定城內寶星橋民荒園地，小東門外河邊地兩處，試種棉花、豆、蓏，收穫後售錢 24600 文，除工本之外，尚餘錢 5000 文，撥充局費。
峽江縣	農工商務局	三十年七月	周令景祁在武廟內設立，以為紳士會議之所。三十一年二月，東西兩鄉均設分局，紳首勸導種植畜牧。
奉新縣	農工商務局	三十年九月二十九日	沈令善謙在縣城登瀛集內設立。並查在籍候選知府徐紳鍾拓講求實業，於農務尤所究心，於是照會該紳為總理。另於每鄉選派一二人，考察土宜水利，責令詳細具報。並派紳經理，一切維持市面，保護商民之事，容隨時會商辦理。（商務）

吉水縣	農工商礦局	三十年九月	張令肇基在城東節孝祠內設立，並試驗場，諭飭舉人劉應愷等經理墾荒種植製造等事。
靖安縣	農工商局	三十年九月	汪令鴻設立，以舉人舒寬慧、廩貢項書諗、附貢張家昭為坐辦。每團設分辦二人，調查通縣實業情形。
萬年縣	勸牧所	三十年十二月	縣屬農民自經勸諭以後，稍知講求水利樹藝。惟尚不知畜牧為農家最大最速之利。昔陶朱猗頓富擬王公，考其致富之由，不過曰五牲而已。奉飭講求漁業，廣牧牛雙，均已出示曉喻。此外，如豬羊雞鴨，獲利尤溥，現擬飭紳在各鄉設立，講求孳生餵養之法，舉紳二人為會長，每遇星期，邀集村人演講一次。
	因利局	三十二年六月	在縣署設立，先就附近荒地辦起。凡赤貧無力者，酌借資本開墾。其餘各鄉諭紳一律照辦。為墾荒而設，先以東鄉為起點，各鄉則由紳集資仿辦，責成圖長據實查報。
定南廳	農工商礦局	三十年	在團練局內添設。

會昌縣	農工商務局	三十年	在考棚內設立。
靖安縣	農工商務局	三十年	於城內設。認識到「商業之興，須先調查」，附設講習調查所，派紳駐局坐辦。各團設分辦二人，調查本地出產貨物，或宜擴充，或宜改良，詳細報告，以憑次第興辦。（商務）
上高縣	商務局	三十年	考究工藝，力求進步，推原利弊，疏暢銷路，議定章程六條。（商務）
鉛山縣	農工商礦分局	三十一年五月二十九日	邀集各紳至署，再三勸諭，各紳公舉歲貢蔣夢奎、劉嗣向，副貢劉子泰，廩生韓道禹等作為局董，在城內文昌閣設立，以為集議辦公之所，仍由該縣督飭將應辦各事，次第舉辦。
湖口縣	農務局	三十一年正月	商令言志在縣城內文昌宮設立，講求樹藝。
樂安縣	農工商礦局	三十一年十月	汪令都良在縣城關帝廟內設立，諭飭邑紳游步程等充當首士，議章開辦。
新昌縣	農工商礦公所	三十一年	派紳分任其事。曰總理、曰務長，開具章程。

龍南縣	農務局	三十二年	生員吳鑫等稟設,招股開墾。先在白沙壩試種靛棉,並種有柏樹 200 餘株。
新城縣	農工商礦局		設於崇正書院內。二十九年在十九都中田孔理公祠內設一農工局,兼司保甲,派監生陳善熙等為首士,栽種苧麻、煙葉、靛青等。自十九都設農工局以後,陳善熙種植得法,附近農民傚傚,每年增利不下萬金。
安仁縣	農工商務局		派紳四人經理
南豐縣	農工商務局		在縣署側設,紳董劉裕謙往局經理。
永新縣	新政局		整頓農工商務,講求樹藝,鄉間種植尤勝於前。(商務)
石城縣	農工商局		設在北門外,貢生黃有文等經理。
大庾縣	勸農所		縣屬土性宜種甘庶、苧麻,飭紳傳諭鄉民,廣為種植。

資料來源:根據《江西農工商礦紀略》各縣農務、商務部分編制。

另外，寧都州農工商礦事宜，由保甲局紳兼辦。[51]瑞金縣農工商務局就典吏署內設立，札委典吏章森，遇有各鄉農工商務，會紳妥籌，稟縣核辦。[52]對於新設的振興實業的機構，江西各級政府鼓勵紳商積極參與並賦予較大的權力，如三十年（1904 年）九月，上饒縣周令邦翰表稱，「各行分設行董，並將前設之農工商局，改名農工商礦分局，凡何利可興，何弊宜除，概為各行董會議，以期盡善」。[53]

為了適應日益興起的近代工商業的需要，加強對工商礦業的管理，江西轉換原來道的職能，使其以負責地方實業為主。三十四年（1908 年）十二月，江西增設勸業道，傅春官任道尹。傳統行政機構，如巡撫衙門，也適應經濟發展的需要進行了適當的改革。三十二年（1906 年），江西巡撫衙署內設十科：交涉科、吏科、民科、度支科、禮科、學科、軍政科、法科、農工商科、郵傳科，各設參事一人及秘書等。

（二）農務方面的新政舉措
1. 創設農政專門行政機構

清末新政時期，人們在產業結構的安排上已經形成了一種新的理念：以農為本，農工商一體化經營。人們產業觀念的變革和對農業功用的新認識，驅使清政府農業行政開始了近代嬗變。江

51　傅春官：《江西農工商礦紀略》寧都州‧農務。

52　傅春官：《江西農工商礦紀略》瑞金縣‧農務。

53　傅春官：《江西農工商礦紀略》上饒縣‧商務。

西農工商（務）礦總局就是一個指導包括農業發展在內的行政機構。

　　光緒二十九年（1903 年）秋間，護理巡撫柯逢時為節經費、省文書，奏明將前撫憲李興銳設的「農工商務總局」歸併派辦政事處，改為農工商務所。在農務方面，「奏留紳士華侍御輝會辦農務，另設農務公所，以為紳士會議之地」。三十年三月，農工商礦總局設立時，農務公所遷移農工商礦總局內。[54]光緒三十二年（1906 年），隨著新政的深入，清廷對中央各部權限作了較大改組，將工部併入商部，改稱為農工商部。同時變原來的「平均司」為「農務司」，「專司農政」，舊時隸屬戶部的「農桑、屯墾、畜牧、樹藝等項」，工部的「各省水利、河工、海塘、堤防、疏浚」等涉農事宜，悉劃歸農務司管理。[55]並在各地設「勸業道」官制，附設勸業公所；各廳州縣設勸業員，辦理各地含農業在內的實業事項。就江西而言，光緒三十二年（1906 年）閏四月，江西省農務總局在南昌設立，督辦一人由官吏充任，會辦一人由公正巨紳充任。總局通飭各縣清查荒田，勘查水利，劃定經界，清理賦稅，各縣設立分局。勸業道也按要求設立。從前述「州縣推行實業的行政機構」的表格中也可以看出，各府州縣推行實業的行政機構很重視農業的發展。而且有些州縣推行實業的行政機構專附設勸農會，如光緒三十年，餘干縣俞省三在「四鄉

54　傅春官：《江西農工商礦紀略》南昌府‧農務。
55　故宮博物院明清檔案部《清末籌備立憲檔案史料》上冊，第 480 頁。

議局分設後各附設勸農會，多購農學書報，俾知講求，本有者推廣之，本無者興起之。並公定保護章程，免遭竊害。庶生計饒而身價重，不致無賴為非」。[56]

新政時期，清政府從中央到各省、府、州、縣有了專門管理、指導農業的機構，初步匯成上下相依、指臂相連的近代垂直式的農政系統。這種行政組織系統的「理性化」發展，打破了傳統社會那種決策作出後因缺少從中央到地方的垂直領導系統與固定機構而無以貫徹執行的流弊。所有這些為晚清乃至民國建立以後農業方面的近代化奠定了行政制度方面的基石。

2. 制定改良農業的政策

江西農工商礦總局成立時，為了支持和鼓勵本省官紳商人發展農業，振興本省工藝，投資開辦工商礦實業，制定了開局應辦章程十條：造調查表；設試驗場；備物陳列；條舉庶政；廣設農學；廣設工廠；振興商業；勸派礦股；申明禁約；申明獎勵。其中前五條都重點談如何發展農業：

第一條（造調查表）指出，「凡全省關於農工商礦之物，茲頒一表式，飭令文到一月內，照依表式，開列詳報各物，並應計工本花息，如穀田每畝上熟可收若干，中熟若干，下熟若干，價至貴若干，最賤若干，除需工本若干，糧稅若干，可得餘息若干。此外雜產樹木畜牧之類，皆應以此類推，以及工價之多寡，

---

56 《餘干縣俞省三條陳地方利病懇求破格准予四事稟批》《江西官報》甲辰年（1904）第十九期。

商業之虧盈，皆須一一記錄，以資考究，毋混毋漏。……又前商部奉旨飭查各屬土性表，務應趁此細加考察」；

第二條（設試驗場）指出，「現在中農無化學家，如鈣養磷養之料，動質靜質之土，無從究察。然就中國土化土宜之法，兼近日移植改良新法，最淺易者試驗之，以開風氣。如日本明治之初，民部省頒美國棉種，西洋牧草，他如試育美羊，種美煙，求法國葡萄苗，飼意大利蜂，移植甚多，不可枚舉。宜師其意，凡本省之種，有此劣而彼佳者，二十二行省，有此劣而彼佳者，均可選種試驗。其間為橘為枳之不同，粟土□土之互異，亦可參驗」；

第三條（備物陳列）指出，「本局應將全省關於農工商礦之器物陳列，以備考查。限文到三月內，農物如果、蔬、百谷、草木，取其種子，並繪圖立說。如田器之類，一切汲水、去草、刈物、耕土諸器，亦呈圖說。……以為移植改良之助，其佳者並可獎勵發達」；

第四條（條舉庶政）指出，「墾牧一端，凡各屬栽種植物，飼養動物，興何水利，墾何荒地，如何勸農興辦之法，皆應條舉實事，稟陳本局。察其物土所宜，責令廣濬利源，務收實效。……以上四條，各牧令必條陳因地制宜辦法，紳民中有條陳各事者，亦當精為申送，以便擇優嘉獎」；

第五條（廣設農學）指出，「中國農夫，識字明理者頗少，僅藉耳濡目染，古法相承，水旱偏災，茫無所措。各國最重農學，能用機器補救，改荒地為良田，新出農書，殆百餘種。近由滬購農學叢書，及農學報，俟到齊後，即次第札發，可擇其就地

所宜，簡捷易行者，條舉曉示，廣勸仿辦。各廳州縣每村設三余學堂，為擇一文理明白者教之，凡有農隙，若冬與夜，及避雨休息之時，可因勢利導，教之識字，並講一切墾牧之法，或就農學書編成淺說，務宜婦孺都解，以備講習。每村設一村董，每廳州縣各設一總董，其三余學堂經費，凡就地有迎神賽會演劇，一切無益之費，酌量提出應用，務擇清正紳董經理，毋任虛糜」。[57]

3. 傳播近代農業知識

在世界市場競爭中，中國出口農產品的劣勢地位使清廷及商部認識到「商務初基，以提倡土貨為要義，而商之本在工，工之本在農，非先振興農務，則始基不立，工商亦無以為資」。[58]清末新政時期，清中央政府在對農業學堂之提倡，還是在對農事試驗場之激勸，或是對農會新式社團之促進，其意圖均在圍繞著開通農民知識，因地制宜，改良種植，以期推進「農業發達」這一主旨。江西在中央政府的指導下，積極引進新的生產要素，傳播近代農業知識。如培養具有新農學知識的人力資本；引進良種佳藝、新農具、化學肥料等。傅春官在《江西農工商礦紀略·序》中關於農務寫道：「其於農務，則有試驗場、農業學堂、農報、農會之設，而墾荒造林，亦皆蟬聯興辦。」[59]

其一，創辦各級農務專門學堂，提倡農學教育。近代農業與

57　《藩司周籌議農工商礦章程表式詳批》，《江西官報》甲辰年（1904）第 16 期奏牘。

58　劉錦藻《清朝續文獻通考》卷三百七十八，第 11241 頁。

59　傅春官：《江西農業商礦紀略》序。

傳統農業的一個最大區別就在於在生產過程中對科學技術及某些非傳統的生產要素的應用。與之相應，人才的需求及培養也就成為此時農業變革中的關鍵，再加之中西方經濟方面的差距，使清政府感到「實業教育為今日之急務」。從光緒二十九年（1903年）起，清政府陸續制訂、頒佈了一系列關於發展農業教育的政策和規章。政府教育方針的轉向及相關教育政策的推動，促使清末江西農學教育的高漲。

光緒三十一年（1905年）秋季，江西實業學堂於南昌南關口開辦，總辦傅春官，監督龍鍾洢（舉人，由勸業道委）。[60]先後招考學生百人入校，分為甲乙兩班，先教以農學專科，釐定章程，添設教習，並聘請日本林學士齋藤豐喜教授農學、算學、理化和博物諸科。[61]光緒三十三年（1907年）該校改為江西高等農業學堂，屬專科性質。宣統元年（1909年）添辦中等科。宣統二年（1910年）遷移至廬山白鹿洞書院，改為江西高等農林學堂。

光緒三十二年（1906年），江西省立農藝專科學校宣告成立，該校是全國創立最早的高等專科學府之一。宣統二年（1910年），江西女子桑業講習所在南昌開辦。南昌的蠶業講習所類同一般的職業學堂，既重講學又重實習，目的全在於使入學者掌握

---

60 黃炎培：《清季各省興學史》，第15頁。
61 傅春官：《江西農工商礦紀略》南昌府·農務。

「養蠶大概智能」。[62]清江縣任貴震將農工商礦局改辦實業學堂，並附設農務種植場、試驗場、畜牧場。[63]

同時，各縣普遍設立三余學堂、半日學堂等，傳播近代農業知識。如光緒三十年（1904 年），永寧縣令因公下鄉時，傳集各鄉識字老農，飭設三余學堂，將奉發農學叢書，農學報摘其淺近者，講解演說，使人易曉。隨後，各鄉設立三余學堂者已有數處。[64]三十年（1904 年）十二月，龍泉縣諭令各鄉設立三余學堂，將奉發農學報及農學叢書發給抄閱。各鄉紳來署抄錄者，絡繹不絕。[65]三十二年（1906 年）二月，盧陵縣純化鄉紳耆工部主事李士林等，呈種植約規十條，並飭各紳創設農業學堂一所，專以考究土性種植之法。[66]三十二年（1906 年），廣豐縣邵令啟賢蒞任以後，諭紳勸民趁農隙議開半日學堂，考究土性，講求培植之法，以開農民知識。[67]

其二，設立農業試驗場，推廣和傳播農業新科技。為改進落後的農業生產技術，光緒二十九年（1903 年），商部在《通飭各省振興農務》中要求各地「辦土宜」、「興試驗場」，並以此為基礎詳細指出：「凡土質之化分，種子之剖驗，肥料之製造，氣候之占測，皆立試驗場，逐一講求，縱人觀覽，務使鄉民心領其

62　《申報》1911 年 6 月 12 日。

63　傅春官：《江西農工商礦紀略》清江縣·農務。

64　傅春官：《江西農工商礦紀略》永寧縣·農務。

65　傅春官：《江西農工商礦紀略》龍泉縣·農務。

66　傅春官：《江西農工商礦紀略》盧陵縣·農務。

67　傅春官：《江西農工商礦紀略》廣豐縣·農務。

意，咸知舊法不如新法，樂於變更。」[68]在政府的重視和支持下，農業試驗機構開始在各地紛紛設立。

　　光緒三十年（1904年），江西省撫署在南昌進賢門外租民地一百四十畝，設立農業試驗場。九月，農工商礦總局「延派素講農學兼諳化驗之龍紳鍾泖駐場經理農事」，並赴上海購置化學儀器，覓東洋及外省佳種試行栽培。招募農工，講求播種培壅之法。還設立畜牧廠，孳養牛馬雞羊。三十一年（1905年）七月，於實驗場內添設前談到的「實業學堂」。三十二年（1906年），添租民地，創辦森林，以實業學堂教習齊藤豐喜兼充森林長。十二月，龍鍾泖將開辦以後試驗各事著書三種：《土壤定量分析術》《乙巳農事試驗記》《農藝分科試驗報告書》，該三書轉呈撫憲吳重熹察核並移送司道後，發往各屬，會紳討論，曉諭農民，量地仿辦，逐漸推廣。農業試驗場既從事桑蠶生產，又設立畜牧廠和創辦林場，從事畜牧業和林業生產，進行農業科技實驗。三十三年（1907年）四月，農工商礦總局以試驗場「所得新理新法」，不能遍及窮鄉，「惟有按月編輯農報，刊刷佈告」，於是編輯出版《江西農報》。[69]江西農業試驗場進行農業科技實驗，宣傳一些農業科技知識，可以說是江西農業科研機構之始。

　　各府州縣也普遍設立農業試驗場並認識到其的重要。如鄱陽縣地方政府認為，「講求種植必先設立試驗場，將獲利較速之各

68　朱壽朋：《光緒朝東華錄》第5冊，第5103頁。

69　傅春官：《江西農工商礦紀略》南昌府・農務。

種樹木，分別試種，使之有所觀感，然後可期風氣漸開」。[70]農業試驗場或多或少地改變了農人在征服自然過程中的盲目、被動狀態，有力地促進了農學新知的傳播。各府州縣農業試驗場概況，據《江西農工商礦紀略》中不完全統計列表如下：

・部分府州縣農業試驗場概況一覽表

縣名	設立時間	概況
宜黃縣	光緒二十八年十二月	將縣屬側廢倉基地一片闢為試驗場。常平倉前餘屋三楹設為勸農局，職員李家膺等會辦試驗場事務。
南城縣	三十年	廩生吳可衡稟呈章程，請設立農長，保護農業。知縣諭各都長一體遵照辦理。三十一年二月，吳可衡於北門外租屋一所作農學館，租地四片設立實業試驗場，講求種杆、肥料等項，以期開通風氣。
廣昌縣	三十年	在城內高阜荒地，設立試驗場，雇工開墾，試種各物。三十三年四月，擇定南城內張王廟廢基，地勢高沃，雇工墾闢，以為農業試驗場。周圍栽種烏柏、棕桐，次則擇種果木，隙地兼種蔬豆，餘則分畦栽種棉麻藍靛等物。
東鄉縣	三十年	由縣捐廉在東門外演武廳舊基築牆懸額，名曰試驗場，擇紳經理。試驗場栽種桑桐禾麥蔗豆生薑薯芋等類。講求種植培養各法，隨時試驗改良，鄉民群知傚傚。

---

70 傅春官：《江西農工商礦紀略》鄱陽縣・農務。

信豐縣	三十年	試驗場在東門外南鄉局公地。三十年栽種小藍柏樹。三十二年購回棉籽麻兜，次年春間試種。局紳王志遠等購回木棉、龍眼、荔枝各種子，散給各鄉試種。
萬年縣	三十年九月	將演武廳前隙地作為勸農官圃，試種菜麥。在籍安徽縣丞高震，候選訓導劉燮幫辦勸辦，以開風氣而求進步。官圃試種菜麥，均青蔥暢茂，農民有所觀感，有集議籌股墾荒之舉。三十一年正月，官圃擬將本地所尤者，如陡青、煙葉、西瓜、粵種花生各項分別試種，以辦土宜。擇老農一人，以司照料。凡耕耘肥壅諸事，均令雇工辦理，並移請警察委員督紳勸辦。
蓮花廳	三十年十一月	購民荒地九畝一分六釐，作為試驗場。屬內向不牧羊，由萍鄉買羊八隻，發交局紳，派人牧養，以開風氣。
湖口縣	三十一年二月	在南湖營老演武廳空地設農學試驗場，種桑秧數百株，又購到普通農學淺說二百本分發各鄉。
鄱陽縣	三十一年七月	邀集紳董在縣署舊址設立試驗場，試種草木桐子。
清江縣	三十一年十一月	清江縣中學堂教習周列爵在文昌宮旁隙地設立農業試驗場，購買各種果樹秧苗及挖土春泥器具，集資試辦。從奉發農學叢書及農學報中摘抄種樹培護各法，分發四鄉。調查各鄉所種橘樹，近因參酌新法培護，結實頗形碩大，成效不尤可觀。

樂安縣	三十一年十一月	汪令都良表稱，南郊曾姓祠前，有空地一區，約數十畝，系曾姓已業。因乏人工，未經開墾。該令商諸紳耆闢為試驗場，由官試種，懸匾一方，名曰「農學試驗場」，並捐廉交紳，購已邑所鮮見者各種播植，以辨土性，而廣種植。三十二年三月，試驗場新種樹竹多已成活，並分畦播種信豐紅瓜子、廣豐花豆、永豐薄荷、蓖麻子等類。
新城縣	三十一年十二月	設立農業試驗場一所，名曰茂生。坐落十九都鍾賢干圻洲杉山腳下。
義寧州	三十二年三月	習藝所旁荒地，經墾出栽種蔬菜瓜果，作為種植試驗場，藉開風氣。四月，試驗場內蔬菜瓜豆長發青蔥，所種早稻異常暢茂。鄉民來觀者，司事演說指點，啟發心思。
吉水縣	三十二年三月	在老考棚空基設立樹藝公所，在署旁石邊設立種植試驗場一所，種竹二十餘株，石榴五十餘株，李七十餘株。
會昌縣	三十二年	在署後荒地雇工墾作試驗場。三十三年在西門外教場設試驗場。
泰和縣	三十三年三月	生員鄭冠群集資在鄭姓村開辦農學試驗場。距城二十里，栽種樹木雜糧。
安義縣	三十三年四月	招集民股，在南鄉康樂莊設立農桑試驗場。
饒州府	三十三年四月	開辦農林勸業場，以道署舊基為栽種試驗之地。府署左右為桑林場縣署舊基為桐林場，放馬洲為柏林場。並酌擬鄉約大綱，同勸懲表格，附諸勸興農林告示之後，札發各縣曉喻勸辦。

瑞州府	三十三年	在郡城東門外北岸校場荒地，改作試驗場。栽烏柏、桑秧及新昌煙葉、上高苧麻，及本地土產之蓖麻子。常年經費約300千文。餉由高安、上高、新昌三縣捐解。南城縣邑紳謝佩賢報墾北關外萬年橋一帶荒地開作試驗場，種植桐柏柳樹。
南康縣	三十三年	捐廉開設勸農圃，試種菜蔬、黍稷等類。
定南廳		在東門城外武校場設有農業試驗場一所。城內城隍廟設有種植研究所一所，栽種茶、桐、烏柏、竹、麻、柑橘、桑樹等項。茶樹成活 1540 餘株，桐樹成活 890 餘株，烏柏成活 1100 餘株，桑樹成活 2700 餘株。
龍南縣		梅令兆璜在白沙壩官荒開辦試驗場，以邑紳廖光瑢、劉嘉祥二人為經理。
永新縣		將農務試驗場移至官立小學堂後，栽有洋桐子，薏米，石榴，棕樹等件，以使學生考察，俾資試驗。

資料來源：《江西農工商礦紀略》各縣農務部分。

其三，設立中間組織——農會。商部成立後，清廷逐漸意識到欲使農業進化，非設農會則難以奏效，農務總會設立誠不可緩，因為欲開通智識，改良種植，聯合社會，必視此為權輿。思想觀念的轉變為制度的供給鋪平了路基。光緒三十二年（1906年），農工商部在奏定職掌事宜時，第四條即提出在各省組設農會組織。光緒三十三年（1907年）十月，農工商部在上奏中央的《籌辦農會酌擬簡明章程折》中再次指出：農會之設，實為整

理農業之樞紐。綜厥要義，約有三端：曰開通智識，曰改良種植，曰聯合社會。而後，清政府頒佈了專為整頓農務而設的《農務會試辦章程》和《農會簡明章程》二十三條，詳細界定了農會的宗旨、組織、會員條件及任務，從而為農會組織的設立提供了制度上的保障，並要求「各省應於省城地方設立農務總會，於府廳州縣酌設分會，其餘鄉鎮村落市集等處並應次第酌設分所」，「總會地方應設農業學堂一所，農業試驗場一區，造就人才分任地方農務以挈各分會分所之綱領」。其中特別強調農務會「應辦之事，曰主辦報、譯書；曰延農師、開學堂；曰儲集佳種；曰試種；曰制肥料及防蟲藥、制農具；曰賽會；曰墾荒」。[71]

光緒三十四年（1908 年），江西農務總會成立。該會主要以「熱心農業」的學人組成，「以振興江西農業為主義」，研討的範圍包括與農業相關的理學、法術、管理、試驗、工程等，並計劃分論說、學術、問答等欄目編輯農報，還打算「翻譯外洋新出農書」。[72]

部分州縣也成立了農會組織。州縣的農會多是在地方政府推動下成立的，如瀘溪縣沈令善謙認識到，「講求種植擬分兩種辦法。一則就原有之松杉茶竹而推廣之，遍地種植。一則就未有之桑樹、棉花而勸導之，覓籽試種。惟須設立農會，歸紳經

---

71 商務印書館編譯所《大清光緒新法令》第 16 冊，第十類，實業，第 41 頁。

72 《申報》1908 年 5 月 14 日。

理」。[73]於是接見紳耆，擇其稍達時務者數人，開辦農工社會。各府州縣農會概況，據《江西農工商礦紀略》中不完全統計列表如下。

73 傅春官：《江西農工商礦紀略》瀘溪縣・農務。

· 部分府州縣農會概況一覽表

縣名	創辦時間	概況
東鄉縣	光緒二十八年三月	拔貢饒正音等集股，創立農會。在該縣南鄉及西門外風塘岡等處，開荒種植。山種桐茶，田種甘庶，以興榨油熬糖之利。入股者以四元為一股，其同族無力者，勸其種植，開具章程。十月，饒正音所創辦農會已開山二十餘畝，栽種桐子，成活二千餘株，並開挖塘港五六畝，秋旱甚獲其益，各鄉聞風興起，成效可觀。南路江上設立有新樂農會。護撫憲柯批准獎給饒正音五品頂戴功牌一張。
萬載縣	三十年二月初一日	二十九年，擬設衣業肄習會，考究種植，以開風氣。擇定西門外觀音廟建立公所，於西門城外西屏寺設立農業肄習會，專以講求改良，開通智識，延聘會長，酌定辦法。三十年二月初一日開辦，原定會長永新縣舉人龍鍾沔因會試北上，未能即來，由該縣廩生辛觀濤暫為代辦。十月，開墾牧牛洲荒地一處，約三十餘畝。農會試驗改良，種麻六畝有餘，抄刻方法，散佈各鄉，並添植茶樹，成活 35 株。鮑紳承宣添植漆樹，成活 40 餘株。各鄉陂堰簡車，向由鄉間集會修理，現經農會督催修理者計有 30 餘處。農會自二月開辦以來，逐漸聯絡各鄉禁會[74]，已有 50 餘處。十一月，各鄉新聯禁會又有 13 處。十二月又聯合禁會 14 處。三十一年正月又聯合禁會 5 處。農會會長辛觀濤等散給傳單，令各禁會購植樹秧，限於來春一律栽種。

泰和縣	三十年九月	五都五圖均都壩官荒洲一片，經生員陳錄等設立農會，籌資開墾，試種瓜果桑柏等類。
瀘溪縣	三十一年十月中旬	邀集鄉紳 40 餘人，籌議開辦農會及學堂諸要件，擇定數人，先辦清查荒山勸導墾種之事。並分赴各鄉考察勸辦。
蓮花廳	三十二年七月	四都顏姓設立農學會，研究種植種植新法。其後，各鄉漸多倣傚。二十都賀姓、二十三都謝姓、十七都劉姓等先後稟報墾種，各鄉興農學會者日漸加多。
萬安縣	三十二年	鄉紳張傑三等聯合農民設立農務公所，墾闢門上嶺等處荒山六幛，種活桐秧萬餘株。
萍鄉縣		各鄉多有茶會。茶會者，鄉農醵金聯會立約，以禁偷竊敗壞竹木禾苗之事。該縣令仿其在前任萬載的辦法，由城中起立農業公所，聯絡各鄉茶會，使之一氣，隨時提倡整頓，以謀農業進步。
萬年縣		諭飭各鄉各舉正紳一二人，派充紳董，勸令糾股設立社會。凡有荒山隙地，各項土宜物性，購種試辦，以開風氣。

・資料來源：《江西農工商礦紀略》各縣農務部分。

74 籌辦禁會的目的原為保護種植。「村鎮繁密處，每苦竊害，辦理禁會，實為當務之急。惟設有禁會者，究屬無多。節經設法勸誠，凡於獲賊送究，請給告示時，禁絕需索」。各鄉聞風踴躍舉辦。該縣宗旨，以力行禁會，保護已有利源為入手辦法；其次則講求種麻，他如一切新法，歸農業肄習會次第舉行，逐漸推廣。光緒三十年九月飭傳各鄉禁會頭目、耆老農夫齊聚農會，來者 60 餘人。縣府款以酒

其四，改良經濟作物品種與生產加工技術。新政時期，一些新科技開始在江西農業和農產品加工方面進行應用。光緒三十年（1904 年）的《江西官報》中提到在農業中使用化學肥料和採用新的種植法。光緒三十二年（1906 年），新式焙茶機器傳到江西並開始應用到一些茶場。江西府州縣在推廣農業科技方面採取了很多措施：

一是摘錄編印農書，宣講農業科技。如崇義縣「地處山陬，民情固陋。農務一道，素不講求，以致山場田園，五穀不易之地，每任荒蕪，誠為可惜。適值本局發下農學叢書一部，擇其切實可行，與該縣土性適宜者十餘種，編為一冊，名曰《農學摘要》。排印千部，發給各鄉，俾家喻戶曉。」[75] 長寧縣印刷《農利四則》，內載種棉、種麻、種茶葉、種煙葉各法，分別給發各鄉農民。[76] 新建縣屬山地居多，本有種竹處所，便因勢而利導之。光緒三十年十月，將新譯日本竹譜各法，擇其簡便易行者，摘錄多條，諭令鄉民仿行。[77] 三十一年八月，樂安縣考求中西成法，撰為論說。自六月起，朔望在考棚演講，以開民智。[78] 三十

食，縣令親詣會所，面加獎勵，並將奉發農報，摘出淺近各條，人給一本，飭令輾轉勸導，以開風氣。萬載縣該年力行禁會，盜竊之風頓息。據農會調查報告，通縣合算，較上三年最多年份，多收竹 97000 餘株。（傅春官：《江西農工商礦紀略》萬載縣・農務）

75 傅春官：《江西農工商礦紀略》崇義縣・農務。
76 傅春官：《江西農工商礦紀略》長寧縣・農務。
77 傅春官：《江西農工商礦紀略》新建縣・農務。
78 傅春官：《江西農工商礦紀略》樂安縣・農務。

二年五月，蓮花廳購到《農話》一書，派人在城鄉宣講，並摘農學叢書演說，以開農民智識。[79]三十三年，玉山縣重印《種植述要》一百本，分發各鄉，講求試種。[80]靖安縣屬山地宜種桐、茶、松、杉等樹。三十三年二月，鄭令應堉於接見紳耆時，諭令勸導農民，及時栽種，又於農學書報內，摘錄簡要各條，抄錄分發，俾資倣傚。[81]

二是推廣化學肥料的應用。如光緒三十年九月，鄱陽縣郭令曾準表稱：「因農人不知用肥，前經教以多下骨灰等項含磷肥料，今歲收成較豐。足見栽種之法必須講求化學。又於奉發農學報內擇其簡要易知易行者，摘錄多條，散給鄉民，俾知考驗。」[82]德興縣「縣屬土多磽薄，全藉肥壅，農民於肥料一切，多未講求」。於是諭紳督飭農民在於隙地設立窖藏，派人於街市收檢，田土既得肥料，地方亦覺潔淨，並「將奉發農學報，發紳翻閱，摘錄肥料各法，令其考究，以期進步」。[83]

三是改良作物品種和加工技術。如三十二年十一月，信豐縣捐廉百元，派人赴彭澤、德化、德安一帶，覓購棉麻種子。十二月，購回德化、德安麻兜二十擔，彭澤棉籽兩千斤，飭各堡紳士領回栽種，不取分文。[84]龍南縣購梓、桐、茶子、金橘、枳殼等

79　傅春官：《江西農工商礦紀略》蓮花廳‧農務。
80　傅春官：《江西農工商礦紀略》玉山縣‧農務。
81　傅春官：《江西農工商礦紀略》靖安縣‧農務。
82　傅春官：《江西農工商礦紀略》鄱陽縣‧農務。
83　傅春官：《江西農工商礦紀略》德興縣‧農務。
84　傅春官：《江西農工商礦紀略》信豐縣‧農務。

類，分發各鄉，於荒山隙地栽種。[85]三十三年三月，定南廳章丞表稱，西人所售橡皮，即以中國之橡樹熬膠製成，出示收買橡子，擬在東郊試種，以備熬膠之用，並派人學習熬膠之法。[86]萬載縣「種甘蔗所熬紅糖，質粗味薄，難以暢銷。經該縣託人僱用贛州糖師來縣，教以煎熬白糖，以求精美而廣利源」。[87]

清朝中央與地方各級政府以「命令和法律」形式先後製定和頒佈「興農」、為農業提供服務的措施表明，自清末始，政府及其職能部門對農業已逐漸由舊時單純的強制徵賦式管理方式向為生產提供各種服務的方式轉化並形成制度，農業管理模式開始走向近代化。

（三）工商礦業方面的實施情況

1. 制定工商礦業發展的政策措施

光緒三十年（1904 年），江西農工商礦總局為了支持和鼓勵本省官紳商人投資創辦近代實業，振興本省工藝，所制定的開局應辦章程十條中：

第三條（備物陳列）指出，「……工事如諸織物，每種取樣數尺，蠶絲取一小束，地方有特別之工（如臨川竹聯，瑞金銅絲盒，龍南漆盒線毯，贛州漆器，萍鄉皮器之類）擇取一件。礦事凡金類、石類、煤類，各取礦質數塊，陳列其中。以為移植改良

---

85 傅春官：《江西農工商礦紀略》龍南縣・農務。

86 傅春官：《江西農工商礦紀略》定南廳・農務。

87 傅春官：《江西農工商礦紀略》萬載縣・農務。

之助，其佳者並可獎勵發達」；

第四條（條舉庶政）指出，「⋯⋯至地方有何工藝，或尋常工業，或特別工業（如宋斤魯削，彼無而此有者，或仿新法者）宜整頓者，宜改良者，必當條舉申報。其有創意新法者，另行報明，酌請獎勵。有性勤資敏之工匠，可請資遣出洋學習，俾得成材。商業一項，各廳州縣，應查明境內運出者各種若干，境內輸入者各種若干，何業可圖擴充，何物設法改良，務宜分條詳報。江省礦產最饒，利棄於地，實為可惜。各屬境內，有何礦務，有已開者，有未開者，迅即查明。商部新頒礦務章程，及本省前發各章程，如無違礙，應如何設法籌辦，詳晰稟報。以上四者，各牧令必條陳因地制宜辦法，紳民中有條陳各事者，亦當精為申送，以便擇優嘉獎」；

第六條（廣設工廠）指出，「江西之工，瓷茶為大宗，紙、布、糖次之，自應設法整頓。他如陶工、木工、土工、金工、諸雜工，亦應就已有者設法改良，其稍繁庶之區，宜開設紡織廠，如制洋皂、洋蠟、玻璃諸雜技」。並規定，「凡能設公司、用機器、聘教習、一廠可養至數百人以上者，准由各州縣驗實報明，詳請獎勵」；

第七條（振興商業）指出，「江西土貨甚多，如紙、如煙、如糖，皆宜集公司，用機器開辦，工省而貨佳，此固工之事。然購買生貨，運售熟貨，皆商之事也。商業甚伙，自當次第振興。目下先從紙與煙、糖辦起，就各屬產料較多之地，力圖進步，精益求精。俟辦有端倪，再行拓充」；

第八條（勸說礦股）指出，「江西礦產之富，馳名五州，急

宜內開利源，外資抵制。各屬紳商，桑梓情深，應集一省之資，以收一省之利。各牧令務應廣為勸派，鳩合巨資，恪遵商部及本省各礦務章程，開設公司或公所，籌款定章，繪圖貼說，並驗資本，但無違礙等情，即予詳請開辦」；

第十條（申明獎勵）指出，「一年期內，查實各廳州縣有實力舉辦，確能為地方興利者，其出力之正印官，或佐雜教職，或記大功，或調優缺，或留署任，或提前酌補，或破格褒獎。其紳民或奏請獎敘，或賞給頂戴，或其子弟優予考試學堂各利益，或准專利免稅。倘半年內未報辦一二事者，官則實缺離任，署事撤委。如查明所報不實者，調省察看。次年以後，各屬陸續舉辦者，勸懲之法，悉照上文辦理」。總局通飭各屬，「俱實心實力，認真次第開辦。概令各屬擇定局所，籌定經費，選定紳董，……認明實辦何件，其前稟辦有端倪者，目下有何成效，如何設法，再圖進步，通限奉文一月內詳速稟覆」。[88]

各縣成立的分局積極推行發展實業的政策，如金溪縣成立的「農工商局」通告鄉民，「今國家軫念民艱，飭辦農工商務，導民興利。而各大憲體察情形，欲振興實業，以期力收成效。此誠地方規復元氣一大轉機也。……凡工人能獨出心裁造出一器，許其專利，商人鳩合股本，創立公司，准予保護」。[89]三十年（1904

---

88 《藩司周籌議農工商礦章程表式詳批》，《江西官報》甲辰年（1904年）第16期奏牘。

89 《金溪縣農工商局啟》，《江西官報》甲辰年（1904年）第19期。

年）九月，義寧州牧尹葆衷表稱，州屬征村地方，產絲自織薄絹，為土貨大宗，惟質不柔軟，色不潔白，現已傳諭鄉人，若能購日本機器，改良織造，准其稟請立案，專利若干年，以示鼓勵。[90]三十三年（1907 年）三月，興國縣令秦鎔在東門城內設工藝利用所，以為售賣工藝院貨物之地。[91]

政府還以實行免稅、專賣特許權等措施來扶持實業的發展，如光緒三十年（1904 年）創辦的鉛山縣鼎興織布公司，「准予專利五年，該公司所織棉布，依照進口稅則，以尺幅長短闊狹，分別徵稅。行銷二卡以外，應收全稅，二卡以內，准收半稅」；[92] 光緒三十三年（1907 年），江西巡撫衙署因為商辦景德鎮瓷業公司「用機器製造貨物，應准無論運銷何處，只完一值百抽五出口正稅，沿途不再重征。……以示維持而昭激勸」。[93] 撫州府向產紫竹，「其光如漆，經用日久，愈見瑩徹，並無蟲蛀之患，最為佳品」。光緒三十一年（1905 年）春以來，專造紫竹籐器，政府「招選高手竹匠，授以意法，以紫竹和藤，製為方圓桌椅憑幾茶几等器，概皆別出新式，製造堅實」。由於在撫州本境內售銷無幾，擬運省垣寄售，並寄九江分售，由府「給以護照，請移稅務總局，飭卡查明護照，數目相符，免稅放行。即經據情移會稅務總局，嗣准移復，業已札飭經過各稅局口，查驗照貨數目相符，

90 傅春官：《江西農工商礦紀略》義寧州·工務。
91 傅春官：《江西農工商礦紀略》興國縣·工務。
92 傅春官：《江西農工商礦紀略》鉛山縣·工務。
93 傅春官：《江西農工商礦紀略》浮梁縣·工務。

即行免稅，蓋戳放行，毋稍留難阻滯等因，札飭遵照各在案」。[94]

江西地方政府為支持和鼓勵近代工商業，還在各地廣設工藝傳習機構，進行農村非農產業的改良，試驗以機器進行生產和新技術的推廣等工作，以為示範和推廣先進技術。政府實行鼓勵、免稅、示範和專賣特許權等政策措施，對江西近代實業的發展無疑能起到較大的推動作用。

2. 興辦近代實業學堂並派人留學

江西政府與社會組織創辦一些近代實業學堂，培養經濟發展的急需人才。光緒二十八年（1902 年）開辦的江西大學堂，於宣統三年（1911 年）正式改名為江西工業學堂，招預科生二班，後分土木和採礦冶金兩組。[95] 三十四年（1908 年），江西省鐵路學堂開辦，校址在九江，分為預科、本科、實習三種學制，分別錄取程度不同之生員，學生一律免交學費、宿費、膳食費等。[96] 宣統二年（1910 年），江西省瓷業公司內閣中書，總經理，景德鎮商務總會總理康達（字詩璋）呈請學部批准，聯合直隸、湖北、安徽、江蘇四省協同出資，創設中國陶業學堂。學堂辦學宗旨是，「養成明白學理，精進技術人才，以改進陶業」。學堂附

---

94 傅春官：《江西農工商礦紀略》撫州府・工務。

95 教育部高教司編：《二十年度全國高等教育統計》，1933 年版。

96 學生畢業後必須在該鐵路局供職，如若不在本路局供職或中途輟學者，則由學生補償一切費用。學堂監督黃翼曾，教員多為日本技師。首屆學生於宣統二年（1910 年）畢業，隨後停辦。

設於省瓷業公司饒州瓷廠內，堂長徐鳳鈞。學堂設陶業本科，並附設藝徒班，創辦時各招一個班。前者招收十五歲以上高等小學堂畢業生（或同等學力），學制三年；後者招初通文化十二歲以上之幼童，學制五年。學生來自協同出資辦學的各省。江西商務總會開辦商徒啟智學校，學期為一年，每一期招收二十歲以下學員四十名。湖北工業學堂畢業生王廷楨、王嘉寶等，稟設工業學堂，並附設製造試驗廠，批飭擇定校舍，妥議章程。[97]

政府還利用一些機構培養實業發展所需的人才，如光緒三十年（1904 年）九月，金溪縣令郭立朝「考選織工、縫工、制棕扇、雕木器工人各一名」送入工藝所中為師，「另選幼童十人，以為學徒」。所有教師的工資，概系捐廉核給。[98]三十二年（1906年）七月，安福縣設立工藝半日學堂，以興實業。[99]三十三年（1907 年），廣昌縣工藝廠附設半日學堂，延請國文教習一人，俾藝徒半日紡織，半日識字。[100]

這一時期，江西還派人留學，以加快人才培養的速度。光緒二十九年（1903 年）農工商礦總局派紳士劉景熙組織青壯學生出洋肄習現代技術。三十年（1904 年），新設的農工商礦總局「迭據會紳籌議，江西物產雖富，風氣未開，如造紙、榨糖、織布、卷煙等事，本地皆足取材，而工藝實行窳敗，他如種植、畜

97 傅春官：《江西農工商礦紀略》南昌府・工務。
98 傅春官：《江西農工商礦紀略》金溪縣・工務。
99 傅春官：《江西農工商礦紀略》安福縣・工務。
100 傅春官：《江西農工商礦紀略》廣昌縣・工務。

牧，皆為興商之本，事資擇善，師貴從良」，派黃大壎等人「前赴日本，將各項實業，認真考慮，冀有成法可循，俾獲改良之益，並隨帶學生十名前往，分送各學堂，肄習農工商礦專門之學，異日畢業回華，推行盡利」。[101]六月，由日本教士考選傅爾斌等十二名江西童生，派赴日本學習實業。江西興辦的實業學堂及派人留學學習實業，為新政時期及其隨後時代的江西培養了發展實業的新式人才。

3. 組織商人機構——商會

江西政府通過扶持商會的方式來促進江西近代工商業的發展。光緒二十七年（1901 年）十二月，江西地方政府成立的商務局在其章程第二條中就重視傳統行業公所在商業發展中的作用，已有成立商會的意圖，「省城除錢業、布業原設有公所董事外，其餘綢緞、洋貨、紙張、木材、糧食、土藥、煙葉、油行、雜貨等業向無董事，以致各商心志不齊，行規歧異，飭令各業迅即各舉正副商董二人，遇有商情窒礙，即由各該商董訂期會議。此外，城鎮各同業如有下情不能上達者，同業之紳董亦可代陳，並令各業會同錢、布二業，公舉品行端正、眾望咸孚者二人為總商紳，俾可常川至局，謁見委員，以備隨時諮詢。倘有重大要事，應由商紳稟候局員，轉稟本司，核明示遵」。[102]

---

101 《署江西巡撫夏旹奏農工商礦另設總局派紳隨帶學生出洋肄習片》，
　　《江西官報》甲辰年（1904 年）第 20 期。
102 《贛省興商》《申報》1902 年 2 月 13-14 日。

三十年（1904 年）正月，清政府商部上「奏勸辦商會酌擬簡明章程折」[103]，清政府對此予以大力支持，很快批准商部擬定的《商會簡明章程》，並諭令各省督撫曉諭商人，誠意勸導速設商會。《商會簡明章程》規定：「凡屬商務繁富之區，不論是會垣，是城埠，宜設立商務總會，而於商務稍次之地，設立分會，再稍次之地，則設立分所」。[104]商會之設從十九世紀末維新派與工商界人士的呼籲，變成清政府由上而下的主動倡辦。對此，江西地方各級政府積極地加以執行。三十二年（1906 年）十一月十八日，江西商務總會在南昌正式成立，[105]公舉曾秉鈺任會董，江西礦務議員、禮部主事劉景熙任總理，侯選道朱葆成任協理。曾秉鈺主持擬定《江西商務總會創辦章程》，凡六章三十三條，計分宗旨一條，辦法五條，選舉八條，經費六條，會議五條，規制八條。所定章程寫明商務總會的活動是聯絡商情，調查商業，維持商務，開通商智[106]四個方面。第二屆總理選舉時在原簡章基

103 《奏勸辦商會酌擬簡明章程折》，《東方雜誌》第 1 年第 1 期。

104 《商部奏定商會簡明章程二十條》，《大清光緒新法令》第 16 冊。

105 《農工商部奏江西省垣設立商務總會折》，《東方雜誌》第 4 年第 4 期，批覆時間為光緒三十二年十一月十八日。第一屆南昌總會於清光緒三十四年（1908）選舉，曾秉鈺為總理，熊元鍠為協理。第二屆於清宣統二年（1910 年）選舉，鄔安孟為總理，龔士材為協理。（《民初南昌紀事》卷七選舉類）。

106 聯絡商情是要詳考各業的行規內容，發現利弊，為之聯絡更正。調查商業是指咨訪商務盛衰之故，進出口多寡之理，以及有無新出製造、種植之品，隨時佈告。開通商智為購置有關商務報章、書籍，研究改良已有之品，瞭解行情漲落。

礎上又擬定了《增訂章程》，凡七章二十四條計分入會出會規則二條，會友及會員五條，會議規則三條，全會規約五條，辦法五條，會內辦事規則十一條，並附列註冊繳費收條式，選舉票格式，江西商務總會同仁錄，完稅事略，稟辦發給護照公文，護照格式，附設勸業場章程，試辦商徒啟智學校簡章。[107]

遵依宗旨，江西商務總會開辦「商徒啟智學校」，在萬壽宮開設了「江西勸業場」。勸業場是中央農工商部批准的貿易中心，「聚各府州縣所出貨物，陳列於此，以比較粗細，辨別貴賤，研究今昔之貴賤增減，調查各處之銷滯，察時好之所向，因時而改良，是為鼓勵工業發達之機關」。對萬壽宮內原有、新設的店鋪所進行的交易活動，有很詳細的規定。許懷林教授在《江西史稿》中評述：「江西商務總會試辦的商徒啟智學校和勸業場的效果如果，是否實現了他們所宣佈的宗旨，故置不論。單就其主張與願望而論，是有進步意義的，於今仍有借鑑意義。」[108]

光緒三十三年（1907 年）四月，江西商務總會「以會紳所辦工藝局，頗著成績，詳請農工商部批准立案。旋准移知到局，已飭屬照章保護矣」。[109]宣統三年（1911 年）六月，商務總會在南昌主持開辦了江西商品陳列所。

江西一些府州縣也成立商會組織，認識到商會在鄉鎮工商業

---

107 曾秉鈺：《奏辦江西商務總會簡章並增訂章程》。又見於《江西近代貿易史資料》，第 388-401 頁。

108 許懷林：《江西史稿》第 2 版第 631 頁。

109 傅春官：《江西農工商礦紀略》南昌府・工務。

發展中的作用，如餘干縣令認識到「農工所出產物，必賴商以流通」，而「鄉鎮行鋪情勢不通，即欲考查貨物種類，行銷數目，價值漲落，無從查問」。[110]另外，一些原本商業較繁盛的城鎮亦紛紛籌建商會，三十二年（1906 年）二月二十八日，浮梁縣景德鎮成立商會，「仿照省垣商會章程會同各紳士，分別總理、協理，其公所暫借育嬰堂試辦。經理首士皆是富商大賈，公正明幹」。以期「嗣後工商爭執，秉公善為調處，庶安居樂業。工可爭強於藝作，商可競勝於資財。[111]新建縣吳城鎮「為商販往來之區，素稱繁盛，三十二年（1906 年）十二月，各幫商董議設商務分會，公舉光祿寺署正銜朱錫齡為總理，由商務總會稟報農工商部立案。三十三年（1907 年）二月，奉批核准，加札委用，繕發圖記式樣。吳城鎮商會於四月初五日刊就開用」。[112]

・新政時期江西部分府州縣成立商會概況

府縣名	概況	資料來源
宜春縣	光緒二十九年（1903 年）十二月，袁州府傅守鍾麟折報，宜春縣出產以煤、油、紙、夏布四項為大宗，行銷甚遠。近年獲利微薄，動輒歇業，亟宜設立商會，以資振興。	袁州府商務

110 傅春官：《江西農工商礦紀略》餘干縣・商務。
111 傅春官：《江西農工商礦紀略》浮梁縣・商務。
112 傅春官：《江西農工商礦紀略》新建縣・商務。

南城縣	三十年（1904 年），諭各行店會議設立商會，以通商情而免利權外溢。	南城縣商務
九江	三十年（1904 年）至三十三年（1907 年）間，先後成立了商船公會、錢業工會和商務總會。三十二年（1906 年），九江 14 幫航業商隊聯合組成以候補道員孫茂德為總理，江慶楷為協理的「九江府商務船公會」。總會仿照西方投票選舉的方式產生領導人，活動與中央農工商部直接聯繫。	九江府商務
餘干縣	三十年（1904 年）八月，擬於城內、黃金埠、瑞洪三處，先開商會，每月逢十集議一次，以聯商情而資考察。諭飭公舉商董，議定章程開辦。諭飭各會議局紳分勸城內、黃金埠、瑞洪三處商人，各設商會，選舉明白誠實之商，作為會董，會中購備書報，以廣見識。會董每月集議三次，令考求境外商情及本境商業推廣改良之法，於每月終，將境內貨物出入，填表報縣。該縣則力任保護提倡之責，務期漸收成效。又因農工商礦同時並舉，不可尤總會以挈其綱，故又諭令議紳會籌，於城內設一農工商礦總會，公舉明幹殷實之紳四人為會紳。其義務有四：曰調查一切，曰提倡諸務，曰維持實業，曰傳達下情。凡現在已設之公司及將來添設之公司，其創辦紳董，皆於總會入冊注名，作為議紳，有事會商，力予贊助。縣城商會議定章程於十月二十七日借撫建公所開辦。三十一年（1905 年）正月二十日城內及黃埠商會開會。	餘干縣商務

臨川縣	三十年（1904 年）三月間，糧食商人黃復裕行等稟請於郡城先設糧食商會，並將許灣一鎮附入，其餘各業隨時可以入會。公舉聶希璜為總理，繕錄章程十七條，由府核明轉詳前來，當經本局移請商務總會核議，嗣准移復，即經本局以獨業立會，能否照準，詳請示遵。旋奉前撫憲吳批示，獨立立會，上海書業、金業分會，均經商部批準有案。該商人等所請，似可照準。若改為各業商務分會，自應再詢各商，聽從其便，轉飭該府換繕章程，送局詳咨。旋據分會總理職商聶希璜等稟稱，遵集各業商人會議，現據錢土雜貨以及煤炭各業商人，均稱願入商會，並邀集諸商推舉各業會董，酌改章程，並請刊發圖記，轉給鈐用。據情請予詳咨前來，本局於本年五月具詳請咨。六月奉撫憲瑞行准部咨，所擬章程尚屬周妥，員外郎銜聶希璜既據聲明堪勝總理之任，自應加札派充，並發圖記式樣一紙，轉給具領。茲據該府申稱，據分會總理聶希璜呈報奉發圖記，照式刊就，擇於八月初一日，設局開用。	撫州府商務
盧陵縣	三十一年（1905 年）正月，各幫紳商設立商務公所，公舉總董副董維持各項生意，呈送章程十五條，經批飭改為商會。護撫憲周批飭督率紳商妥協經理，務期有利無弊，商業日隆。	盧陵縣商務
清江縣	三十三年（1907 年）議設商會。	清江縣商務

高安縣	三十三年（1907年）開辦商務分會，公舉截取知縣宋照樞為總理。	高安縣商務
豐城縣	宣統元年（1909年），商會成立。	《豐城縣工商業聯合會史略》

資料來源：《江西農工商礦紀略》商務部分、《江西工商史料匯編》第一輯（第127頁）編制。

　　對於條件不足的某些行業，江西則成立了一些類似商會性質的行業會。在光緒二十八年（1902年）至一九一二年間，江西共成立大小商會六十五個，僅少於四川（96）、浙江（84）、江蘇（67）和直隸（66）四省。[113]商會利用本身所控制的社會財富，進行廣泛的社會動員，把影響逐漸滲透到社會生活的其他領域。商會成立後，的確起到一定的效果，如餘干縣「原有貨物，生貨居多，間有製作，類多窳陋，現經設立商會三處，講求工藝，俾漸改良」。[114]

二　現代政治權力機構的設置

　　近代中國全面地開始設置現代意義的政治權力機構源於「清末新政」。[115]新政期間，清政府在地方官制方面推出了一系列適

113 虞和平：《商會與中國早期現代化》上海人民出版社1993年版。

114 傅春官：《江西農工商礦紀略》餘干縣・工務。

115 「清末新政使政府組織具有了現代國家的雛形，促使中國傳統社會向現代社會的轉變。」（萬振凡：《江西近代社會轉型研究》，中國社會

應社會發展的變革措施，各省區在中央的部署下結合本省情況相應地進行了政治機構的改革，江西地方政治在這一時期也開始了「現代化」的啟動。[116]中國早期政治現代化的總體框架是模仿資本主義的政治制度。本部分即從行政、立法議政、司法三個方面對清末新政時期江西地方官制變革的進展情況進行論述。

（一）行政機構的變動

清地方傳統政治結構與中央政治機構一樣，也具有明顯的專制集權的特徵和積弊，地方行政首長通常兼領軍民兩政，屬僚只是一些幕友，職責互相重疊，權力沒有明確劃分。以巡撫、布政使、按察使而言，三者的功能多有重疊之處。再以州縣而言，其組織簡單而責任繁重。一縣之長，既主行政，又兼司法，財稅尤其負責徵收，尤其監督運解，功能互相牴觸，而且弊竇叢生。[117]胡惟德詳細陳說傳統官制的弊害，認為中國幅員遼闊，戶口殷繁，一省之中，州縣數十，大或千里，小亦數百里，統治之權，僅委諸一二守令。府縣之中，遇有應興應革事宜，守令以一紙公文移知紳士，紳士以數人武斷對付守令，轉輾相蒙，而事終不

科學出版社 2001 年 11 月版，第 11 頁）「關於清末新政的歷史作用，政治上，導致了政治體制改革開始實施」。（陳向陽：《90 年代清末新政研究述評》，載《近代史研究》1998 年第 1 期）。

116 政治現代化的內涵有兩方面，一為行政效率的增強，一為政治參與的普及，行政效率的增強緣於行政結構的殊分或專化。張朋園：《湖南現代化的早期進展（1860-1916）》，第 434 頁。

117 張朋園：《湖南現代化的早期進展（1860-1916）》第 434 頁。

舉。[118]在前「實業政策的推行」中已經敘述了江西在經濟方面的官制改革：設立振興農工商礦的機構；成立促進工商業發展的輔助行政管理手段——商會組織等。另外，教育行政機構改革將在文教改革部分論述。這裡論述的江西行政機構改革主要包括以下幾個方面：

1. 設立現代警政與改良刑獄

工商從業人員的增加，使近代城鎮規模日益擴大。為了加強對城鎮的管理，維護城鎮治安，江西設立現代警政。光緒二十八年（1902年），江西新設警察，在南昌設立警察總局，初由護理江西巡撫柯逢時調委遇缺即補道汪瑞闓會同臬司實力經理，[119]後由瑞澂任督辦。宣統元年（1909年）年底，江西增設巡警道，掌管城鎮警政事務，內分總務、行政、司法、衛生四科，各設正五品科長一人，正六品科長一人，正七品科員三人。巡警道下設警務公所。每府設巡警三百人，每縣設巡警十至二十名。次年推廣至鄉鎮，地方治安由巡警管理。

江西在刑獄方面進行改良。罪犯習藝所就是為了社會治安而設立的類似監獄的地方，教習所收人員工藝製作，以利於其改造後自謀生計。光緒三十二年（1906年）正月，江西布政使周浩、按察使余肇康訂立《江西通省罪犯習藝所章程》，規定省城及各

---

118 《出使俄國大臣胡惟德奏請頒佈地方自治制度折》，《清末籌備立憲檔案史料》下冊第 715 頁。

119 《護理江西巡撫柯逢時奏派員總理學堂警察片》，《江西官報》癸卯（1903年）七月朔。

府設立罪犯習藝總所一處，各廳縣設分所一處，經費「由各府州縣就地籌勸，或就原有閒款酌量提撥」。章程規定，招收「所有本省軍流徒案內人犯」、「其外省發配江西常赦所不原之遣軍流，以及本地笞杖折工等犯」、「良家不肖子弟，並地痞惡丐及無業遊民」等，「按照各犯發配年限收所習藝」。罪犯習藝所「外築堅厚圍牆，內建監房工廠，以及委員司事辦公人役各犯棲宿之所。如有桀驁不馴之犯，不能聽命工作，仍當嚴行監禁，以免滋生事端，俟其悛改，仍令習藝」。所內「設大工廠二座，一為遣軍流徒人犯做工之所，一為流民做工之所」，「另設一小工廠，凡良家不肖子弟送入所者，在此操作工藝，或教以習書習算，以與尋常遊民略具區別」。遣軍流徒人犯，「責成專管官，嚴加約束，每日早晚點名一次。各犯於習藝之時，但解手銬，不准並去腳鐐。收宿之時，仍帶全刑具，戶牖牆壁，均應堅固，以防脫逃」。遣軍流徒人犯收所，「部章有一定年限，自應遵照辦理」。流民進所後，「果能改悔，即屬良民，應令出具以後安分守法不敢再犯切結。酌給錢文出所，俾得自營生業」。「倘出所後，復因犯事收所，須倍其出所期限」。良家不肖子弟出所，「不為定限，但視所業已成，實能去邪歸正，有家屬到所具領，准其釋出。倘再犯事送所，即照流民一律辦理」。[120]省署屢次飭文，「各

---

120 《江西藩台周臬台余詳辦罪犯習藝所章程》，《江西官報》丙午年（1906）第二期。

屬應設罪犯習藝所」。[121]

在此以前，江西各屬設立工藝局（廠）其中一個目的就是為了「改造曾犯輕罰者」。還有許多縣已設立以改造罪犯為主要目的的工藝廠。如光緒三十年（1904 年）八月，新建縣令黃錫光捐廉在衙署西首蓋屋數間，設立自新工藝廠，延請教習一人，如遇竊賊犯案，即責令學習一藝，或織辮打帶等項，將來釋放外出，庶不致再作竊賊。[122]罪犯習藝所的開辦，取得一定的成效。如光緒三十三年（1907 年）正月，東鄉縣罪犯習藝所中，「罪犯技藝尚有進境，將罪輕藝成者，提釋六名，捐廉酌給資本，令其在外營業」。[123]

・江西各屬部分罪犯習藝所概況

局所名稱	開辦時間	主持人	概況
臨川罪犯習藝所	光，29,1903	知縣戚揚	夏布、棉布、燭芯、竹鑲、聯對草鞋、竹篦。
新建縣自新工藝廠	光，30,1904	知縣黃錫光	洋紗、毛巾、織辮打帶等。
永寧罪犯習藝所	光，30,1904	知縣胡嘉銓	織草履、編草轆。
宜黃罪犯習藝所	光，31,1905	知縣呂用賓	在署側監獄附近。

121 傅春官：《江西農工商礦紀略》崇仁縣・工務。
122 傅春官：《江西農工商礦紀略》新建縣・工務。
123 傅春官：《江西農工商礦紀略》東鄉縣・工務。

義寧罪犯習藝所	光，31,1905	知州金沛田	200 串數百金，舂米、竹木器、洋布、毛巾、繰絲。
于都罪犯習藝所	光，31,1905	知縣張承祖	裁衣、舂米。
吉水罪犯習藝所	光，31,1905	局紳徐元訓	織布、結網、舂米、搓麻繩、編草履、做棕荐、蓑衣、織棉紗、腰帶、襪帶。
東鄉罪犯習藝所	光，31,1905	知縣何敬釗	提輕罪案犯十名，入所學習織土布、作爆竹兩項。
南昌罪犯習藝所	光，32,1906	臬司秦炳直	西式木器，各色柳條布毛巾（南昌府）。
崇仁罪犯習藝所	光，32,1906	知縣黃煥垣	因經費難籌，將工藝院改成，遇有無業遊民及不法小竊，照原收養，其有遣軍流徒，亦即查照新章，一併收入，以節靡費。
武寧罪犯習藝所	光，33,1907	知縣王浚道	招股，織布、打帶、布匹、土絹、舂米。
宜春罪犯習藝所	光，33,1907	知縣阮保泰	收所習藝人犯，其素習有一藝者，仍令循理舊業。其無一技之長者，即飭學作爆竹，編草履，搓棕繩等項，以免荒廢。

光緒三十二年（1906 年）九月，兩江總督張人俊頒佈《江西全省模範監獄開辦章程》，在南昌設立省模範監獄。宣統二年（1910 年），江西按察使改為提法使，掌司法行政，督監新設各級審判廳，調度檢察事務，停轄驛站。提法使司內設三科：總務科、民刑科、典獄科，各設科長一人，一等科員一人，二等科員無定額。

2. 清理財政與設立近代財政機構

宣統元年（1909 年），度支部在各省共設清理財政正監理官二十人，副監理官二十四人，其中江西各一人，江西清理財政正監理官由皇帝朱批欽派為九江知府孫毓駿並賞加四品卿銜，清查全省財政。宣統元年（1909 年）上諭：各省財政除鹽、糧、關仍由各道管理，按月造冊送布政使查核外，其他涉及財政的一切局、所限一年裁撤，統歸布政使管理。於是江西於次年將剛設不久的稅務局、田賦稅契支應局等歸併完畢，在布政司設立公所，稱為「財政公所」或「布政公所」。公所分為總務、銓敘、田賦、制用、稅務、會計六科，各委科長、科員分司其事。

宣統二年（1910 年）七月，江西試辦本省預算。預算宣統三年歲入銀六百六十萬兩，歲出銀九百六十萬兩，不敷款三百萬兩，不敷額以開辦增稅解決。江西巡撫衙署提議開辦本省新稅法，徵稅原則是，課一種稅，必須培養其稅源，稅率程度不能侵及商工等原有財產或妨礙其產業之發達。

3. 設立近代業務行政管理機構

江西近代郵政事業出現於光緒二十五年（1899 年），但在新政時期始有很大的發展。九江郵政局作為郵區中心所在地郵局，

被定為江西省內的郵政總局，負責對區內包括南昌府在內的十三府一直隸州及七十七縣的郵政建設及郵政事務進行管理的職能。[124]附表三所列為一九〇四年至一九一一年江西郵政郵件往來情況，反映出清末新政期間由於郵政局的設立而使郵務有極大的發展。

　　新政期間，九江電報局由郵傳部收歸官辦，定為一等繁局。

---

124 在《九江郵政局給北京郵政局的公務報告》中可以看出當時九江郵政局在開拓江西全省郵政的基本狀況。其大致情況如下：在 1901 年，九江郵政總局就著力開通九江至南安府線，其中包括九江 —— 吳城鎮 —— 南昌府 —— 樟樹鎮 —— 吉安府 —— 贛州府 —— 南安府，並先後在上述地區設立了分局（BranchOffice）。另外還開通了湖口縣、豐城縣、新淦縣、吉水縣、泰和縣、萬安縣、南康縣等七個代辦處（BoxOfficeAgencices），江西南北幹線為之開通。1903 年，相繼開通了南昌 —— 李家渡（屬臨川）—— 撫州府 —— 滸灣（屬金溪）、建昌府 —— 新城縣（今黎川），並在上述各地設立了分局或代辦處，至此九江至贛東線基本開通。1904 年 1 月，相繼開通了南昌 —— 進賢縣 —— 東鄉縣 —— 安仁縣 —— 貴溪縣 —— 弋陽縣 —— 河口鎮（屬鉛山縣）—— 廣信府 —— 玉山縣，九江至玉山線基本開通，並在上述地區設立了分局或代辦處。（InlandReport，No1，26.Aug1901，見中國第二歷史檔案館藏：《九江郵政局給北京郵政局的公務報告》1900-1904，全宗號一三七，案卷號 3100。）據《大清郵政光緒三十年事務通報總論》載：光緒三十年（1904 年）在江西的 14 個府州、78 個縣當中，共設立海關總分局 17 處，代辦 15 處，其中匯寄銀鈔者 2 處，共計收、發、轉寄郵件 231.3 萬餘件；包裹 5.5 萬餘件；匯兌關平銀 1.2 萬餘兩。《中華郵政前清宣統三年事務總論》亦載：「郵路連接一節更見進境，計開通之新郵路不下五千里。其鄰近之波陽湖，計有小輪二十九艘帶運郵件。其在揚子江內往來之郵船，計有二十艘。」足見當時江西省內河及長江水域郵路及郵運發達之程度。1912 年以後，江西郵政總局移設政治中心南昌，九江定為次一等繁局，直屬郵傳部。（九江指南社編印：《九江指南》，1932 年版，第 29 頁）

「該局處長江之中心，又為本省之門戶，接轉全省之電報，故稱為轉報之繁忙局也。⋯⋯長江上游與漢口、武昌、武穴、大冶直達；下游與南京、安慶、蕪湖、湖口、殷家匯、秋浦等處直達。江西省與南昌局及吳城、德安等處直達，並在牯嶺每年設立夏季報房，以便中外旅客。」[125]

　　光緒二十七年（1901 年），江西官書局開辦，刊行一批工、農、醫等應用書籍。同年，江西翻譯局開設，主要翻譯國外中、小學課本，用於新辦之學堂。三十二年（1906 年）閏四月江西通省洋務總局設立，前雷瓊道道員楊文俊任總辦，規定本省凡遇對外國交涉事件，均由該局與各國領事館商議辦理。江西原設洋務所歸政事處管轄，對外稱洋務局、派辦所或洋務所。同年八月，江西禁煙公所設立。三十三年（1907 年）郵傳部在各省設分局，其中有江西總辦一人。根據《江西官報》，在這段歷史中江西還設立了賑捐局、鐵路總局、派辦政務處（三十四年裁）、督墾總局、官鐵局、礦務總局等機構。

（二）立法議政機構的設立

　　現代國家的塑造，勢必要涉及國家與社會、中央與地方的調整，涉及如何重新分配國家的政治權力，如何重新設計中央與地

---

125 九江電報局初設於九江瀸浦路，即中洋街口，是光緒十九年（1893年）創辦，其時是商辦性質，附設在招商局內，報務甚清，由商務督辦盛宣懷委九江盛二府兼充辦，線路僅通鎮江、漢口、殷家匯等處。旋因報務擴充，移設張官巷內。（九江指南社編印：《九江指南》，1932 年版，第 29 頁）

方政權的組織形式，以實現社會的動員與整合，建立協調穩固的政治基礎。這不僅是新興資產階級努力探索的問題，而且也是清朝封建統治階級面臨的嚴峻挑戰。現代化理論認為，一定形式的地方自治，是政治現代化的重要變項。[126]清末新政期間，一場資產階級君主立憲政體的試驗在中華大地醞釀並逐步展開，江西諮議局成為這一試驗的產物。江西民眾得以通過省級自治機構諮議局參與省級政治，並且江西州縣鄉鎮地方自治也有初步的開展。

1. 江西諮議局的成立

隨著立憲運動的開展，各級議政機構相繼在中央和各省建立起來。就地方層次而言，諮議局的成立，則被視為劃時代的大事。

首先，江西諮議局的籌辦過程。光緒三十三年（1907 年）八月十三日，清政府詔令設資政院。九月十三日，命各省督撫在省會速設諮議局，並預籌各府州縣議事會。三十四年（1908 年）二月，江西巡撫瑞良成立「諮議局創辦所」，選派藩、學、臬三司主其事，籌備創建省諮議局，以吏部主事陳三立、禮部主事劉昌熙為協理，同時進行市民動議調查。六月二十四，資政院頒發《諮議局章程》和《諮議局議員選舉章程》，[127]並飭各省開辦諮議局。不久，繼任贛撫沈瑜慶遵照憲政編查館咨文，將創辦所改

126 周忠德、嚴炬新編譯：《現代化問題探索》，上海知識出版社 1983 年版，第 54 頁。

127 《政治官報》光緒三十四年六月二十六日第 266 號。

為「諮議局籌辦所」，分選舉、文牘、庶務三科。由於陳、劉二人不能駐省辦理籌備事宜，因而沈氏另簡候補道吳慶燾、在籍前寧紹台道俞兆藩為會辦，委派在籍郵傳部主事賀贊元、候補知府王以愍為科長，聘陳三立為名譽參議。同年，江西立憲派組織了諮議局議案預備會，督促諮議局的籌辦工作。

宣統元年（1909 年）正月，清廷命各省儘快成立諮議局，籌辦地方自治。江西巡撫馮汝騤回電遵辦，委布政使劉春霖為總理，提學使林開暮、按察使陳夔麟、贛紳陳三立為協理，贛紳劉景熙、黃大塤、劉鳳起、文龢、張佑賢、歐陽述、龍鍾洢、魏元戴為參議，易順豫、文景清為幹事員。不久，籌辦所改為籌辦處，以布政使劉春霖、提學使林開暮、按察使陳夔麟為總辦，贛紳前寧紹台道喻兆蕃為會辦，贛紳陳三立、歐陽霖、黃大塤、劉鳳起等十餘人為參議，在籍郵傳部主事賀贊元為選舉科長，王以愍為文牘科長，王渭濱為庶務科長。馮汝騤為保證各縣初選有序推進，採取了一系列措施：設立司選員研究所，招司選員紳數十名，派往各屬講習相關法令；令籌辦處開具應辦事項清單，逐條考核各屬縣工作進度，並以之評定縣令政績的優劣。[128]

其次，江西諮議局的議員選舉。儘管諮議局的設立為「人民與聞政權，擔負地方責任之始」，但從其所列出的合格選舉人標

128 《江西巡撫馮汝騤奏設立諮議局籌辦處折》，載《政治官報》，宣統元年 1 月 21 日；《江西諮議局司選員規則》，載《申報》，宣統元年 2 月 2 日，3 月 4 日。

準來看，諮議局並不是對所有人開放的。他們規定，合格選舉人的條件應為：屬於本省籍貫，年在二十五歲以上男子，具有曾在本地辦教育及公益事業滿三年以上著有成績者，中學以上學校畢業或舉貢生員以上出身的，曾任文官七品、武官五品以上未被彈劾的，在本省有五千元以上營業資本或不動產者。[129]至於那些「身家不清白」的娼優隸卒以及婦女等，全都摒棄於外。據統計，當時江西全省能夠符合選舉人條件的僅有六萬兩千六百八十一人，僅占總人口數的百分之零點二六，即每一千人中還不到三人，其代表之狹隘性由此可見一斑。[130]依據上述標準，宣統元年（1909 年）五月一日，江西諮議局舉行初選，六月二十一日起舉行複選，共選出議員一百零六名。不久，由於一百零六人中有六人當選為資政院議員，諮議局又遞補了六人，議員總數仍維持不變。在總共一百一十二名議員中，除了六十四人出身背景不詳外，剩下的四十八名只有一人為新式學堂出身，其他的幾乎清一色為傳統功名擁有者。具體分配是：進士（含翰林），十一名；舉人（含副貢），二十五名；生員（含廩、增、副、貢、監），

---

129 《憲政編查館會奏各省諮議局章程》，載《政治官報》，光緒三十四年6 月 26 日。

130 呂芳上：《清末的江西省諮議局，1901-1911》，（台北）中央研究院近代史研究所編《中央研究院近代研究所集刊》，第 17 期下，第 101頁。一說，諮議局議員初選自四月開始舉行，各地同時進行，至八月底（10 月上旬）選舉完畢，共用經費 37000 餘兩。（陳榮華：《江西通史》，江西人民出版社 1999 年 7 月版）

十一名。[131]可見，這些議員不僅都具有科名，且大多為高級功名獲得者。

　　經過初選和複選後，江西省諮議局於九月一日正式在南昌成立，召開第一次常會。會議選出吳保田為江西省諮議局議長，陳永懋、喻兆蕃、郭賡平、葉先圻等人為諮議局副議長，宋名璋應邀任江西諮議局書記長。[132]另外，九月四、五、七日，在江南會館互選常駐議員 21 名，負責閉會期間的日常事務。[133]十月二十四日，諮議局選舉資政院議員。是日，由馮中丞督同行政官員先後到局監視。投票議員到者共九十五人，折半計算，應以四十八票為當選。贛省照章選舉六名，候選六名，旋經當眾開票當選二人，閔荷生五十票，鄒國瑞四十八票。其餘十名定於二十四行決選投票，加倍以得票次多數者開列：喻兆蕃 45 票，汪龍光 45 票，劉景烈 41 票，賀贊元 40 票，黃象熙 35 票，孫振謂 33 票，黃大壎 32 票，文龢 31 票，饒正音 30 票，巫占春 29 票，蕭輝錦 28 票，王明德 28 票，葉先圻 27 票，郭志仁 27 票，黎思位 24 票，聶傳曾 23 票，劉景熙 23 票，黃鴻烈 20 票，黃蘭芳 20

---

131 呂芳上：《清末的江西省諮議局，1901-1911》，（台北）中央研究院近代史研究所編《中央研究院近代研究所集刊》，第 17 期下，第 105 頁。

132 一說，江西諮議局第一次常會，選舉謝遠涵為議長，黃大壎、郭庚平副之。由於郭庚平以年邁不願就任，因而改推葉先圻擔任副議長一職。

133 《贛省諮議局連日開會情形》，載《申報》宣統元年九月十四日。《贛省諮議局開幕紀詳》，載《申報》宣統元年九月初八日。《派定監視互選職員》，載《申報》宣統元年九月初三日。

票。[134]

　　再次，江西諮議局議員人數考。根據筆者所見資料，所記錄的江西諮議局議員人數不一致，現將資料羅列如下以便將來進一步考證。

　　其一，97 人。按欽定員額，江西諮議局選舉議員九十七人，設議長一人，副議長二人，此外，諮議局議員中再選六人為資政院議員。[135]

　　其二，101 人。《江西省志‧大事記》中記載，江西諮議局開始選舉議員時，預計設議員 101 名，由各府選派名紳鄉耆擔任，議員名額分配如下：南昌府 14 名、吉安府 13 名、贛州府 13 名、袁州府 12 名、撫州府 10 名、廣信府 8 名、饒州府 8 名、建昌府 5 名、臨江府 4 名、九江府 4 名、瑞州府 4 名、南康府 3 名、南安府（寧都州）3 名。[136]根據《民國江西通志稿》第九冊記載選出議員 101 名，候補議員 49 名。議員名額分配如下：南昌府議員 14 人，候補議員 4 人；撫州府議員 10 人，候補議員 5 人；建昌府議員 5 人，候補議員 2 人；瑞昌府議員 4 人，候補議員 2 人；袁州府議員 13 人，候補議員 7 人；臨江府議員 4 人，候補議員 2 人；廣信府議員 7 人，候補議員 4 人；饒州府議員 8 人，候補議員 3 人；九江府議員 4 人，候補議員 2 人；南

---

134 《憲政編查館等奏擬訂各省諮議局並議員選舉章程折》，《清末籌備立憲檔案史料》，中華書局 1979 年版上冊。
135 《江西省志‧大事記》第 137 頁。
136 《江西通志稿》第九冊《江西諮議局議員名表》。

康府議員 2 人，候補議員 2 人；吉安府議員 13 人，候補議員 7 人；贛州府議員 13 人，候補議員 7 人；寧都州議員 4 人，候補議員 2 人。[137]這兩個資料所記諮議局議員人數相等，但在各州府的人數分配上不相同。

其三，106 人。一九〇九年六月二十三日的《申報》中記載，宣統元年，江西諮議局遵照憲政編查館電示增定額 106 名。計十四府州選舉人共 62488 名，分配議員南昌 14，撫州 10，建昌 5，瑞州 4，袁州 13，臨江 4，廣信 8，饒州 8，九江 4，南康 3，吉安 14，南安 3，贛州 13，寧都州 4，定於五月初一初選，六月二十一複選。[138]宣統元年八月二十六日的《申報》中記載江西諮議局 106 名議員的姓名和籍貫。江西諮議局第二次常年會抽籤所定席次也反映江西諮議局議員為 106 名。

2. 江西州縣城鎮鄉地方自治的概況

清末府州縣城鎮鄉的地方自治活動，約可分為兩個階段：光緒三十四年（1908 年）以前，為部分地區在政治變革的潮流和地方自治思潮的影響下，由紳商自發倡辦和由官府督導試辦的階段；宣統元年（1909 年）以後，是在清政府的統籌規劃下，進入地方自治活動的全面推行階段。江西府州縣城鎮鄉地方自治的開展與全國一致。

第一階段，江西許多州縣就出現自治機構。如光緒三十二年

---

137 《分配選舉議員名額·江西》，載《申報》第三張 1909 年 6 月 23 日。

（1906 年）三月，清江縣議事公會成立。主持人是該縣知縣胡惟賢，每鄉選正紳代表三人參加。首屆議事公會召集會議，討論事項有：地方錢谷、地方兵刑、地方學務、地方農工商礦、地方道路橋樑、地方水利堤防、地方命盜各案、地方風化等案，提請紳正公議，然後由縣署施行，並規定各位紳正有事勿辭，無事不聚。

・光緒三十四年（1908 年）以前江西研究、籌備自治之機構表

州縣	名稱	成立時間	主持人	宗旨組織及活動
餘干	議局	光緒二十九年	前任黃令及俞省三	黃令於城中創設總議局，凡地方興利除弊排難解紛諸事，皆交議局公議施行。俞省三親往瑞洪邀集各村紳耆，設立各鄉議局，飭各村公舉正紳，擇其鄉望素孚者五六人，充議董，長駐局中。每月房租、飯食、薪水、局用約需錢四十千，如何就地設法，亦由眾紳議定酌籌。該紳等情誼既聯，則凡地方一切事情，皆可協議調停，庶足息爭彌禍。
信豐	議局	光緒三十一年	向步瀛	選舉議紳，會議地方興革事宜。

清江	議事公會	光緒三十二年	胡惟賢	討論地方錢谷、地方兵刑、地方學務、地方農工商礦、地方道路橋樑、地方水利堤防、地方命盜各案、地方風化等案，提請紳正公議，然後由縣署施行。
大庾	自治公會	光緒三十三年	陳守謙	分學商農工警各課，分課治事。
樂安	樂安自治會	光緒三十三年	李慶恩	察地方情形，共圖公益，附自治研究所。
建昌	議事會	光緒三十三年	官紳	不詳。

資料來源：根據《江西官報》、馬小泉《國家與社會：清末地方自治與憲政改革》附表及《江西省志・大事記》編制。注：餘干縣議局，資料來源於《餘干縣俞省三條陳地萬利病懇求破格准予四事稟批》，載《江西官報》甲辰年（1904年）第十九期。

　　第二階段，江西府州縣城鄉自治在清政府的統籌規劃下進行。光緒三十四年十二月（1909年1月），清政府正式頒佈憲政編查館核議的《城鎮鄉地方自治章程》和《城鎮鄉地方自治選舉章程》。[139]宣統元年（1909年）正月二十七日，清政府命各省於本年內籌辦各州縣地方自治，設立自治研究所。三月頒佈《自治研究所章程》，[140]諭令各省於省城及各府廳州縣各設一所。宣統

---

139 《政治官報》光緒三十四年十二月二十八日第445頁。
140 《政治官報》宣統元年三月十八日第546號。

二年（1910 年）正月頒佈《府廳州縣地方自治章程》和《府廳州縣議事會議員選舉章程》。[141]江西省籌辦地方自治，由馮汝騤中丞札飭江西諮議局籌辦處照章兼理籌辦。宣統元年三月初六日，馮中丞在諮議局籌辦處會同三司及會辦官吳寬仲觀察、紳喻庶三觀察督同各科長委員提議：「一、自治研究所辦法，甲學員額數，乙勘定處所，丙籌措經費。二、江西省城模範自治事務所辦法。三、各廳州縣設立城鎮鄉自治事務所辦法。」經共同決議學員額數每廳州縣多則四名，少則二名。由籌辦處通飭各屬會集士紳公舉並由地方官加結保送。擬於五月二十日取齊開辦，處所暫設於豫章書院內，一俟高等學堂遷移貢院後，即行遷往。研究所經費由官籌撥，學員等川資膳費則由各該地方公款項下籌備。[142]江西省在省城南昌設立一個地方自治研究所，學員數五百四十六人，在各屬設立五十二個地方自治研究所。[143]

宣統元年（1909 年）十月，江西各州、縣、鄉鎮開辦地方自治。各鄉鎮設立鄉鎮董事會，各縣設議事會，選派地方紳耆擔任議員，商討處理地方事務之辦法。宣統二年（1910 年）二月，江西省第三屆籌備憲政會議開會，議定城、鎮、鄉三級地方議事章程及時間安排。五月，江西各府縣開設公講所，由地方紳耆擔任主講，宣講內容為政治、勸學、政法等，課本有文明書局出版

141 《政治官報》宣統二年正月初八日第 825 頁。
142 《自治研究所之開辦，南昌》《申報》1909 年 5 月 6 日。
143 馬小泉：《國家與社會：清末地方自治與憲政改革》，第 149 頁。

的《世界讀書》，商務印書館出版的《克萊武傳》等。七月，江西繼續開辦城鎮地方自治，各府城、縣城一律成立議事董事會，如江西明清「四大鎮」——吳城鎮、景德鎮、樟樹鎮、河口鎮同時舉辦。宣統二年（1910 年），南昌、新建兩縣縣城自治委員會成立，兩縣治所均設於南昌城內。[144]江西成立城議事會、董事會八十個；鎮議事會、董事會五十四個；鄉議事會、鄉董七百七十四個。[145]我們附列南昌縣第一屆鎮、鄉自治會的情況表加以具體說明。

· 清末南昌縣第一屆鎮自治會名表（清宣統二年選舉）

鎮	議長	副議長	總董	董事	陪董	名譽董事	議員
東鄉幽蘭鎮	李壽韶	萬良材	李寶森	章朝冕	涂光照	萬沛然萬之望涂景瀾周義章	20 名
南鄉中洲鎮	曾秉鈺	饒祖蔭	劉於翰	萬立庸		毛紹棠萬立賡萬樹芳饒希庭	20 名

144 南昌新建城第一屆自治會（清宣統二年選舉）。議長胡品蘭，副議長譚章，總董曾秉鈺、熊育錫、蔣洪鈞、李瀚湘。董事蕭名捏、胡廷校、舒兆奎。名譽董事蕭名捏、熊元鍠、段方祁、鄔安孟、羅家珍、曾秉鈺、龔士材。議員三十八名。附記：城自治會總董、董事均各一名，表內總董列四名，董事列有三名者是因屢次續選以補前任未滿之期。名譽董事共有八名，連正式改選一次，應有十六名，表內僅列七名者，是專就本縣當選人而言，外籍例不列入。（《民國初年南昌紀事》（民國七年刊本）卷七選舉）。

145 《政治官報》宣統三年三月二十日、《內閣官報》九月初二日。轉引自馬小泉：《國家與社會：清末地方自治與憲政改革》第 158 頁。

| 中鄉
渡頭鎮 | 熊慶雯 | 萬維貞 | 涂文煥 | 黃維謨 | 辛錫齡 | 萬鳴謙黃傳
燨陳治安陳
立勳 | 20 名 |
| 中鄉
謝埠鎮 | 胡霖 | 胡昌國 | 李國柱 | 胡純春 | 李曰怡 | 胡啟懋胡惠
章仁鏡姜介
橡 | 20 名 |

資料來源：根據《民國初年南昌紀事》（民國七年刊本）卷七選舉編制。

· 清末南昌縣第一屆鄉自治會名表（清宣統二年選舉）

鄉	議長	副議長	鄉董	鄉佐	議員
東鄉 泰扯鄉	余煥人	胡邦翰	胡應龍	熊炳堃	16 名
東鄉 黃城鄉	胡揚聲	謝壬林	梅藹春	羅謬	16 名
東鄉 涇口鄉	胡喬云	李元森	黃綬	鄧鼎	16 名
東鄉 羅舍鄉	魏希相	高起鳳	喻松	高黎青	14 名
東鄉 武溪鄉	胡拱襄	秦之鏡	鄔學伊	胡拱煊	18 名
東鄉 麻垢鄉	関辰	周道盛	魏作霖	周作恭	16 名
東鄉 前坊鄉	萬獻琛	李源潘	姜佐治	陶培基	14 名
東鄉 拓林鄉	胡佩蘭	蕭承鄲	陶任民	李慕丙	14 名
西鄉 廣福鄉	李士傑	張希載	羅元貞	楊華茂	10 名

西鄉 板胡鄉	李景膺	吳金銘	黎浩	羅舒薰	12 名
西鄉 河泊鄉	萬陸駒	萬鼎升	萬起鶴	姚公傅	16 名
西鄉 義豐鄉	滕炳森	黃仁元	熊壽康	羅亨錫	14 名
西鄉 大洲鄉	諶福謙	鄧輝庭	王文德	胡士鐸	14 名
西鄉 市汊鄉	傅汝霖	黃邦戀	晏宗浚	吳於沛	10 名
西鄉 岡上鄉	熊家璜	熊禔	黃元英	熊家爕	16 名
西鄉 富豐鄉	揭汝梅	羅宜	黃錫齡	王景莘	12 名
南鄉 萬舍鄉	鄧鈞	胡人俊	熊奎光	熊德潛	16 名
南鄉 蓮塘鄉	曾德祖	王龍光	曾述祖	姚濟川	14 名
南鄉 沙潭鄉	王廷猷	王思齊	燕模	趙以齡	16 名
南鄉 墨山鄉	鄔正言	張炳炎	梅台源	李述鍠	14 名
南鄉 新村鄉	譚炳章	段笏	龔步棠	張兆謙	16 名
南鄉 三江鄉	蔡宗梅	蔡欽	蔡裕	涂濬	16 名
北鄉 沈口鄉	涂榮增	范樂堂	范疇	范表沃	10 名

北鄉 樓前鄉	劉季良	劉德表	張韜	熊希庭	12名
北鄉 揚子鄉	陶文斌	黃良棟	陶煦	陶暉	8名
北鄉 蔣埠鄉	邱璜	李道昆	徐道榮	陳曉陽	8名
北鄉 柏岡鄉	應運興	李俊臣	蕭匯蘭、 熊淵	謝繼安 （補熊源 缺）	16名
北鄉 滁溠鄉	郭之彬	萬以炤	秦熾	龔建藩	14名
北鄉 龍泉鄉	胡炳恆	黃子庚	徐守任	萬亦燿	12名
北鄉 黃溪鄉	郭承平	楊承熙	楊承泰	應煥奎	14名
中鄉 塔城鄉	涂宜楠	陳維鼎	胡文齡	萬俊才	12名
中鄉 武陽鄉	楊汝梅	張福田	徐仲雅	伍廷柱	10名
中鄉 茳港鄉	鐘本楷	鐘希濱	陳志霖	萬邦貞	14名
中鄉 水南鄉	彭慰先	李光福	祝承周	劉名器	12名
中鄉 謝埠鄉	魏榮晉	章成裴	魏繼晉	胡霖	18名
中鄉 佛塔鄉	胡廷植	黃光庭	史紹欽	龔世基	16名

資料來源：根據《民國初年南昌紀事》（民國七年刊本）卷七選舉編制。

（三）司法獨立的創制

普遍的法制是政治現代化的一大特徵。普遍的法制需要有成熟的獨立的司法機構才能得以保證。清末新政時期是中國法制現代化的起步時期，獨立司法機構的出現是時代的要求。在沈家本、伍廷芳等修律大臣的努力下，光緒三十二年（1906 年）九月，清廷下詔，刑部改為法部專任司法，大理寺改為大理院專掌審判。[146]此外，還在法部設立總檢查廳，作為最高檢查機關。這樣，行政與司法高度集中的傳統體制開始轉型。在這一時期，中國至少在法律上確立了近代資本主義的新的中央司法機關的結構，司法與行政開始走向分離，司法獨立邁出了最重要的一步，江西的司法獨立也邁出了艱難的一步。

1. 設置江西各級審判廳

新政期間，江西對司法審判體制進行了很大的改革，出現了江西地方審判廳和檢察廳。《法院編製法》司法區域分割暫行章程第三條內，「開地方審判廳，京師及直省府，直隸州各設一所。但府直隸州詞訟簡少者，得不設，地方審判廳於該府直轄地面或首縣及該州初級審判廳內，由鄰近府直隸州地方審判廳分設地方審判廳分廳」。魯撫川督「先後以款項支絀，各廳州縣必設地方審判廳一所，官多費巨，奏請將地方審判廳管轄區域變通，並酌增推事員額，由憲政編查館會同法部奏定，省城暨各府直隸

---

146 《修訂法律大臣沈家本等奏酌定司法權限並將法部原擬清單加具案語折（附清單）》，《清末籌備立憲檔案史料》下冊。

州之有同城州縣者，應照章共設一地方審判廳。其各州縣之詞訟較少者，得合鄰近州縣共設一分廳，不必各廳州縣定設審判廳一所，為節省經費起見」。但「江西各屬命案層見疊出，雖詞訟簡少之廳州縣，歲亦不下七八起。向章由各廳州縣相驗，往返不過數十里。今各廳州縣止設初級審判廳，不設地方審判廳，則相驗動逾一二百里外，轉折需時，勢將屍身腐爛，無憑相驗。既此一端，已極窒礙，既傳訊原被中證，亦虞呼應不靈。人民越境對簿，亦滋拖累。於是廳州縣各設地方審判廳一所，民刑訴訟較為所利」。宣統元年七月十一日，江西撫院部在「發交各府州縣設立地方審判廳議案」中稱，「惟際此財政困難，應如何先期籌劃，以免窒礙之處，當征僉議，以俟折衷」。審查科呈稱，「查法院編製法司法區域分劃暫行章程，原訂每府設一地方審判廳，按全國情形實多未便，應於廳州縣各設地方審判廳一所，以便民刑訴訟」。撫部院在會議廳會同議決，照該科所議辦理。**147**

宣統二年（1910 年）十一月，江西設立高等審判廳，設廳丞一人，從四品。第一任高等審判廳廳丞由江峰青擔任。司法獨立，劃分民刑訴訟，設刑科、民科推事六人，正六品；典簿一人，正六品；主簿二人，正八品；錄事無定員，從九品。民刑分開訴訟。檢察廳設檢察長一人，從四品，檢察官一人，正六品，錄事二人。同時設立南昌府地方審判廳，翌年二月，設立九江府

---

147 《呈報會議申復撫院部發交各府州縣設立地方審判廳議案由》（第二次常年會）

商埠地方審判廳，設推事二至三名。初級審判廳有南昌縣初級審判廳，新建縣初級審判廳，德化縣商埠初級審判廳等，設推事一至二名。[148]各級審判廳的人員構成還有預審推事、候補推事、學習推事、書記官、翻譯官和承發吏等。

晚清設立的各級審判廳由作為核心的推事以及書記官、翻譯官和承發吏組成，就內部構成而言，基本貫徹了司法獨立和民刑分離審判等原則，在中國司法史上是劃時代的進步。

2. 成立法政學堂，培養司法人才

清末新政期間，江西成立法政高等學堂三所（公立 1 所省立法政學堂，私立兩所私立豫章法政學堂、私立江西法政學堂）。省立法政學堂的學生在清末民初大都進入司法領域，為司法現代化作出一定的貢獻。下表以清宣統三年該校第一屆南昌籍畢業生的任職情況為例。私立江西法政學堂繫留學日本早稻田畢業回國同仁所創辦，至民國元年，同仁多充參眾兩院議員。

· 江西省法政學堂清宣統三年十一月南昌縣籍畢業生任職表

姓名	別號	任職情況
涂　堯	石琴	浮梁地方廳民廳推事，四川地方廳崇慶地方廳民廳推事
羅贊鐸	鈞甫	不詳

---

148 李啟成：《晚清各級審判廳研究》附表，北京大學出版社 2004 年 6 月版，第 223 頁。

傅景范	遜甫	景德鎮地方審判廳刑廳推事，考取第三屆縣知事，分發湖南
魏景桓	用卿	吉安地方審判廳推事，民國九年考取承審員
李景昉	次明	興國縣司法課長，清江縣檢察官及承審員
李祖謀	貽孫	不詳
萬成勃	侶周	九江地方審判廳民廳推事
戴澤昌	宜卿	不詳
褚景謙	不詳	不詳
龔士梧	淑澄	考取湖南縣知事，江西省長公署內務科員
涂文煥	伯章	不詳
周煥文	惺伯	樂安峽江等縣司法課長及一等幫審員，律師
涂履仁	靜存	署九江地方檢察廳檢察官
許國光	浸昌	不詳
羅　緯	爾蕃	不詳
胡士堯	羽堯	上高縣司法課長及幫審員
錢振紳	不詳	不詳
鄔世傑	冠青	臨川初級審判廳推事，贛南道署實業課長，第二屆眾議院議員
傅朝瑄	毅甫	吉安地方審判廳刑廳推事，民國九年考取承審員
張　鼎	子達	不詳

根據《江西通志稿》第 10 冊「江西各種專門學校學生名錄」;《南昌紀事》卷六「教育類」製作。

3. 調查江西民事習慣，配合法律館修訂新律

為配合法律館修訂新律，新的司法體系成立後即著手進行江
西民事習慣的調查。由於「國家與民更始以舊法律不適用於立憲
時代也」，清政府設法律館修訂新律。而修律大臣又以「我國二
十二行省幅員四萬里人民四百兆，地方風氣之不齊，人情好尚之
互異，有繩以法而有所大不便者」，且「歐洲文明或亦非我國所
宜傚傚」。於是有調查民事習慣之問題。調查民事習慣目的是
「綱舉而目張，條分而縷析，將欲舉朝廷統治之大法，蘄合乎吾
人心理之」。宣統庚戌年，第一任高等審判廳廳丞江峰青乃就各
縣冊報逐條檢閱，勘酌損益並證以平日聞見，手自編纂《法律館
調查江西民事習慣》，以副修律大臣之明問。雖然「第倉卒調
查，其於民情風俗多未詳悉」，但「亦姑藉是以為嚆矢爾」。[149]

三　軍政改革

軍隊存在的主要目的，一是保衛國家，一是在地方上除暴安
良。[150]新政期間，江西用汰舊更新的方式革新軍隊，一面淘汰舊
有軍隊，一面建立新式陸軍。舊式軍隊逐漸減少，新式陸軍逐漸
增多，是一種合理的交替，既可備國防之用，亦避免發生財力上
的過量負擔。

---

149 《法律館調查江西民事習慣》敘言。
150 《餘干縣俞省三條陳地方利病懇求破格准予四事稟批》，載《江西官
　　　報》甲辰年（1904 年）第十九期。

（一）舊式軍隊的蛻變

江西駐有綠營而無八旗，舊式軍隊包括綠營軍、防軍、水師三種。

首先，綠營軍的裁減。清廷入關後，因八旗兵力不足，便由歸附的明軍和招募漢人組建綠營。綠營兵役制度為終身制，土著制和餘丁制。江西設有總督及提督軍務總兵官，節制全省綠營兵。康熙二十一年（1682 年），江西總督，江西提督裁撤，全省綠營兵由巡撫節制。江西巡撫駐南昌府，統轄撫標兩營，兼轄南昌守營，節制九江鎮、南贛鎮。[151]九江鎮曾於康熙七年（1668 年）移駐南昌府稱南瑞鎮，嘉慶五年（1800 年）自南昌移回九江。九江鎮總兵官統轄鎮標前後兩營，兼轄十六營，防守九江、南康、瑞州、撫州、建昌、廣信、饒州、南昌八府及湖口、銅鼓、武寧、廣昌、鉛山、浮梁等要地。南贛鎮總兵官駐贛州府，統轄鎮標中、左、後三營，兼轄袁州協及十八營，防守贛州、南安、吉安、袁州、臨江、寧都五府一州及興國、崇義、瑞金、定南、會昌、遂川、萬安、永豐、永新等要地。道光二十一年（1841 年），撫標左營、撫標右營、南昌城守營協營兵額分別為三百五十四名、三百五十八名、一千二百七十三名。光緒二十八年（1902 年），撫標左營、撫標右營各存兵一百五十名，南昌城守協營存兵四百二十名。全省綠營兵數，康熙年間一萬五千人；

---

151 道光二十年（1840 年），江西行政區域劃道，府領縣，軍事區域設九江鎮、南贛鎮，分防全省各地。

乾隆五十年（1787 年）一萬三千九百二十九人；嘉慶十七年（1812 年）一萬三千八百七十二人；道光二十九年（1849 年）一萬兩千人四百七十二；光緒九年（1883 年）一萬一千九百人；光緒二十八年（1902 年）四千兩百五十人。宣統三年（1911 年）江西新軍起義，全省光復。江西三十餘營綠營兵被遣散或改編。

其次，防軍的蛻變。同治四年（1865 年），曾國藩統率的湘軍解散，屯駐江西各地的勇營，一部改編為防軍，負清鄉守土及鎮制政治反抗之責。綠營兵分列郡汛地，防軍則屯紮各要隘。光緒九年（1883 年）全省有防軍七千八百餘人，光緒二十四年增為九千三百六十三人。光緒二十五年（1899 年），江西巡撫松壽飭臬司陳澤霖於臬署內設全省營務處，為全省訓練各軍之總匯，將全省各地駐軍作了調整，並訓練防軍。十二月，江西撥槍炮新練防軍，分為前後左中右五個營，稱威武新軍，加上原駐省城之振武軍，共有弁勇三千人，開始練習洋操。光緒二十六年（1900 年），江西按察使陳澤霖在江西招募壯勇十營，馳赴江北駐紮，編為武衛先鋒右軍。光緒二十八年（1902 年）正月，江西巡撫李興銳對江西防軍進行整編，全省編為中、前、後、左、右五路軍，中路軍為常備軍，其餘為續備軍。三月初一日編立成軍。每軍五營一千五百人，五軍七千五百人。九月至十一月，除駐贛南續備後軍外，其餘四軍各裁一營。光緒二十九年（1903 年），巡撫夏峕於續備前軍內撥出兩軍，分隸左右兩軍，所存兩軍裁汰一半，專事防守砲臺，稱九江砲臺營。另募五營編為常備前軍，常備中軍亦編齊五營。常備中、前兩軍分扎南昌、九江，專事訓練，續備左、右、後三軍十五營分駐各屬，專事巡防。光緒三十

一年（1905 年）五月，常備中，前兩軍改練新軍。九月，江西所有防營改為贛南巡防隊。辛亥革命後，巡防隊一部改為警備隊。

再次，水師的概況。同治八年（1869 年），以湘軍水師為基礎，建長江水師。水師提督受兩江總督，湖廣總督節制，轄岳州、瓜州、漢陽、湖口四鎮。湖口水師鎮轄區為長江水域九江之陸家嘴至安徽安慶，都陽湖湖區及沿湖周圍地區。劃長江江面及都陽湖為水師提督統轄，自永修吳城以上贛江及東西支河歸江西巡撫統轄。湖口鎮設總兵官，駐湖口，轄湖口、吳城、饒州、華陽、安慶五營。湖口鎮的活動，直至清朝滅亡。

・江西水師營及其防區一覽表

水師營	兵額	防區
鎮標中營湖口營	350	陸家嘴以下至九江老洲頭江面
鎮標左營吳城營	490	湖口以內姑塘、南唐、渚磯一帶
鎮標後營饒州營	490	都昌、鄱陽、康山一帶
鎮標右營華陽營鎮標前營安慶營		駐安徽，分防九江老洲頭以下至安徽江面

資料來源：根據《江西軍事志》（仲清主編，江西省軍事志編輯委員會 1996 年 12 月）整理。

（二）新軍的編練

清末江西軍政改革是近代中國軍事早期現代化在一個省區的表現。防軍的蛻變是江西軍政改革的開始，編練新軍是軍政改革的具體表現。

首先，第二十七混成協的編練。光緒二十一年（1895 年），清廷倣傚西方，開始編練新軍。光緒三十年（1904 年），清政府統一新軍軍制，在京師設練兵處，各省設督練公所（轄兵備、參謀、教練三處）負責編練新軍。同年（1904 年）江西設督練公所，負責訓練新軍和徵集新軍兵員，挑選各州縣壯丁入伍訓練，並制定《江西試辦徵兵章程》。

新兵條件：年齡在十六歲以上，二十五歲以下，身高在四尺六吋以上；凡五官不全，體弱，手舉不能及百斤者不取；要求來歷清楚，應募時應報三代家口，住址和指紋箕斗數目；凡吸食鴉片，犯有罪案和城市遊民不取。

招募辦法：根據練兵處頒佈的規定，由督撫根據各州縣民戶之多少，幅員之廣狹，道路之遠近，往來之通塞，酌訂開招日期，並先設選驗處所，預期示諭，附列募名格式，屆期派員會各府各州縣按格選募。由各村莊莊長，首事，地保等，各舉合格鄉民，開具名冊，偕赴該選驗處所，聽候點驗，不准濫保遊民，潰勇，亦不得將應募合格之人隱藏，並嚴禁吏胥，莊長，地保等借端勒索攤派。督撫所派委員，如期分赴各處，按格驗收分別入取，其合格者，註冊編伍，並照抄一冊，移交地方官存案。吉、臨、贛三府，民風尚稱強健，其於軍人資格較為合宜，決定就該三府屬地先行設局開招，以土著，有家屬，年齡在十八歲以上，二十歲以下，能識字者為合格，並須覓有切實妥保。

宣統元年（1909 年），根據清廷的規定，江西又制定選兵新格式：年齡十六歲以上，二十二歲以下；身體限官裁尺四尺八吋以上；來歷必須土著，應募時報明三代家口，住址，箕斗數目；

五官不全，體質軟弱及有暗疾者不挑選；曾吸洋煙及素不安分曾經犯罪監禁者不挑選；曾經在陸軍及本處充當巡警因事革職者不挑選。

光緒三十一年（1905 年），江西巡撫胡廷幹將防營常備中、前兩軍按照新章添足人數，編為步兵一協，另在續備軍內挑選馬隊兩隊。光緒三十三年（1907 年）八月，陸軍部決定在全國編制新軍三十六鎮，其中江西編一鎮。是時，江西所編新軍步隊一協，馬隊兩隊，官兩百三十一人，兵四千兩百八十七人，於是又添練炮隊一營，工＼輜各兩隊，軍樂隊半隊。宣統元年（1909 年）冬，江西新軍編成一混成協，稱暫編第二十七混成協，協統吳介璋，駐南昌。混成協轄步兵第五十三標，標統馬毓寶，駐九江；第五十四標，標統齊寶善，原駐南昌，宣統三年（1911 年）移駐萍鄉；騎兵，過山砲兵各一營，工兵，輜重兵各一隊，軍樂隊半隊駐南昌。第五十四標移駐萍鄉後，在南昌組建了步兵第五十五標，標統莊守忠。

其次，設立軍事學堂。軍隊的優劣，除了裝備之外，訓練最為重要。訓練以人才為先。江西的軍事學堂，先有武備學堂，後有陸軍小學。光緒二十八年（1902 年）四月，江西撫署於南昌永和門內設江西武備學堂。創辦人江西布政使柯逢時，候補道汪瑞闓總司其事，江西巡撫李興銳會同司道釐訂規條，內設總教習一人（吳介璋），分教習六人，東洋分教習五人。首屆招各屬平民子弟一百二十人為正課生，另收官員子弟四十人為附課生，其

課程有：兵法、體操、德文、算學等。[152]至光緒三十一年（1905年）四月，第一班學生三年屆滿畢業。第二班開學數月即併入南京軍官學校。李烈鈞、歐陽武、胡謙、方先亮、彭程萬、伍毓瑞、俞應麓等都是江西武備學堂出身的學生。

光緒三十二年（1906年）二月，江西武備學堂改建為江西陸軍小學堂。學堂設在南昌澹台門外，江西藩司兼任校長。學員定額二百一十名。汪瑞闓任總辦，吳介璋任監督。招收條件是「本省各高等小學堂學生及本省駐防子弟」，年齡在十五歲以上十八歲以下（由原武備學堂挑選者，年齡可放寬到20歲）。體質強壯，聰明訓謹，無廢疾嗜好，曾讀經書者。學堂的宗旨是「一切教育，以忠君愛國為本原，德育，體育為基礎，振尚武之精神，汰叫囂之陋習」。教官大都是軍事衙門調配的。學員要進行實彈射擊，刀劍劈刺等訓練；要學習典範令，步兵操典等軍事知識，也學文化知識。學員在陸軍小學堂三年畢業後，發給畢業執照，俾升入設在江蘇南京的陸軍第四中學堂。還辦有測繪學堂和測繪司。學員有四五百人，也接受軍事訓練。另外，在光緒三十年（1904年）江西水師學堂開辦，創辦人江西內河水師巡警統領任福樂。

再次，派陸軍學生遊學。光緒三十年（1904年），京師練兵處奏定《選派陸軍學生遊學章程》，規定各省選派留學生的數字

---

152 朱有瓛：《中國近代學制史料》第1輯（上），華東師範大學1983年版，第549頁。

和選派辦法，每年選派一百名，四年一輪。江西選赴日本學習陸軍的有李烈鈞、余鶴松、歐陽武、胡謙四名。到東京後先入振武學校，兩年後畢業，入四國砲兵第十二聯隊實習一年，又入陸軍士官學校學習。三十一年（1905 年），彭程萬、余應麓赴日本，入振武學校，兩年後改入日本陸地測量部修技所。三十二年（1906 年），伍毓瑞由北京陸軍部派往日本學習軍事，從補習日語到士官學校長達六年。

四　文教改革

新政是一項革故更新、興利除弊的綜合改革，內容包括器物、制度和人的思想觀念等等涉及人們生活的方方面面。要想開通風氣，培養新時期需要的人才，教育要先行。傳統教育以儒學教育為主，大大小小的書院、社學、義學遍佈各地，學生學習的目的是通過科舉考試步入仕途。隨著近代社會向職業分工越來越細、專業越來越明顯的方向轉變，科舉制度已經不適應社會發展的需要，變革傳統教育迫在眉睫。在這種社會背景下，江西捲入新學浪潮。

中國傳統教育的改革始於一八六二年，自北京的同文館和上海的廣方言館先後設立，各地相繼有新式學堂的興起。江西近代教育由於眾多原因而晚於他省，陳建安在他的《江西的近代化學堂》從四個方面對江西近代教育晚於他省作了論述。[153]百日維新

---

153 陳建安：《江西的近代化學堂》，載《江西社會科學》1993 年第 6 期。

期間，由於甲午戰敗的精神刺激和維新運動的思想啟蒙，促發了江西部分傳統士紳身上潛藏的人道情懷和憂患意識，而且科舉制的式微也使得舊式教育體制趨於解體。這樣，江西部分傳統士紳對「新學」和西學的認同感與日俱增，一時風氣大開，「深處腹地，風氣文弱」[154]的江西，研求新學成為一種時尚。許多士紳成為近代新式教育的參加者和倡辦者，轉化為「新派」士紳群體。並且在光緒皇帝向全國頒佈了「興學堂」的詔令後，江西當局也採取了一定措施，這些促成了江西新式學堂的開辦。[155]但隨著戊戌政變的發生和慈禧下令廢除新政，近代教育在江西沒有留下多深的痕跡。江西確切意義上的新式學堂是在清末新政時期出現的。新政期間，江西按照中央改革的步驟設立具有近代意義的教育行政機構推行近代教育。

新政初期，江西教育管理體制混亂，不是專司負責。學政應是主管學界的專業職官，但巡撫名下則「統領常備中軍隨營學堂，統領續備前後軍隨營學堂」，似乎是要集中管理軍事學堂，但是武備學堂卻又分屬於布政使名下負責；布政使雖號負責大學堂、醫學堂、桑蠶學堂、農工商礦學堂等，儼然是綜理各種非軍事學堂之勢，但首府南昌又負責管理大學堂、經訓學堂、友教學堂等校的責任。[156]又，按照當時學部奏定的《京師大學堂章程》的規定，省設大學堂兼辦全省教育行政事務。

---

154 馬敏：《官商之間—社會劇變中的近代坤商》，第 107 頁。

155 參看《江西通史》汪叔子的論述。

156 《警鐘日報》1904 年 9 月 10 日。

光緒三十一年（1905年），江西巡撫根據清政府頒佈的學務章程，正式設立教育行政機構——江西全省學務處，規定省城及各府州縣中小學堂暨民間私立各學堂，以及出洋遊學各生均由學務處稽察考核。[157]學務處設總理、參議等。總理由學政兼任，學務處下設專門、普通、實業、審定、文牘、會計六處，各處設總辦一人，幫辦若干人。[158]三十二年（1906年）四月，清政府學部在奏准《各省學務詳細官制及辦事權限章程》中：「各省學務官制提學使司設提學使一員，總理全省學務，考核所屬職員功過。」「提學使以下設省視學六人，承提學使之命，巡視各府廳州縣學務。」「各廳州縣勸學所，設縣視學一人，兼充學務總董。」「各省視學由提學使詳請督撫札派曾習師範或出洋遊學，並曾充當學堂管理員、教員，積有勞績者充任。」縣視學，由提學使札派「本省紳衿年三十以外，品行端方，曾經出洋遊歷，或曾習師範者」充任。三十三年（1907年），江西裁撤提督江西學政及省學務處，設江西提學使司，掌教育行政，稽核學校規程，征考藝文師範。汪貽書充任提學使，林開謨、王同愈任提學副使。提學使司署內設有總務、普通、專門、實業、圖書、會計六課，[159]分課管理。每課設課長一人，副課長一人，科員一至四

---

157 《護江西巡撫周奏遵章設立學務處折》，載《東方雜誌》1905年第8期，第180頁。

158 《江西省教育志》。又一說，當時的主持者稱總辦，由道員傅春官充任。總辦之下，另設學務參議多名，由省內紳士程志和等人充任。

159 即將原學務處所設得6處改為6課，隨後不久，又按學部通令，將省提學使所設得各課改為科。

人，秉承提學使，處理全省教育行政事務。另設學務公所，有議紳四人、視學六人。[160]議紳佐提學使參劃學務，並備督撫諮詢，視學分區巡視全省府、州、縣學務。江西各府州縣設勸學所，且府州縣三級層層相屬，勸學所每所設視學一人，下設勸學員若干人，管理該地區學務。據宣統元年（1909年）統計，全省七十二縣中設立勸學所的有四十八縣，其中總董三十九人，勸學員一百八十人。宣統二年（1910年），視學改稱勸學員長，除興辦與管理官立學堂，「對學齡兒童之父兄為應受義務教育之勸導」外，還對私立學堂及私塾進行指導與監督。

光緒三十三年（1907年）底，江西省教育會設立，公舉陳三立為會長。宣統元年（1909年），江西教育總會在南昌城成立，各府縣隨後也設立分會，有的地方還通過駐省學界組織該府教育分會駐省總事務處，「以通消息而利教育」。[161]南昌教育會第一屆清光緒三十三年選舉，魏元戴（建候）會長並省教育會會長，熊育錫（純如）副會長並省教育會會長。第二屆清光緒三十四年選舉，梅汝鼎（震伯）會長，魏元戴再舉副會長。第三屆清宣統二年選舉，李棠（壽山）會長，楊緒昌（承三）副會長。[162]

教育專業行政機關的設立，在較大程度上克服了責權不一，遇事推諉的弊端，也便於規劃江西全省的近代學堂建設，關於江西近代學堂設置情況我們將詳細在第八章論述。

160 《江西通志稿》第23冊，第1頁。
161 《民呼日報》1909年7月15日；《民立報》1911年4月14日。
162 周德華輯：《南昌民國初元紀事》，卷七選舉類，第212-214頁。

第六章————

晚清統治在江西的終結

清末江西，風雲動盪，一方面，民眾抗糧抗捐的鬥爭和各地會黨的起義時有發生，另一方面，革命形勢發展迅速，從易知社到同盟會，革命組織如泉湧現；從聯絡會黨到活動新軍，革命力量不斷壯大；從萍瀏醴大起義到江西全省的光復，革命勝利接踵而至。這一切，表明江西已融入全國革命的洪流之中，已投身到資產階級民主革命的進程之中，最終導致清朝封建專制統治在江西的結束，迎來了江西歷史的新紀元。

第一節 ▶ 清末江西的民變

二十世紀初，晚清統治日益腐敗，階級矛盾日益尖銳，各地反抗封建統治的鬥爭風起雲湧，極大地動搖了清政府的統治，為革命時機的到來創造了有利條件。

江西是封建傳統經濟蕭條和傳統社會秩序衰敗的重災區，各種矛盾暴露突出，伴隨著會黨的不時起義，抗糧抗捐的鬥爭也時有發生，而且波及面很廣，影響很大。這個時期，有反抗壓迫、反抗剝削的正義鬥爭，也有趁亂鬩搶的無頭官司，良莠參差，姑泛稱之為「民變」。

一 抗糧抗捐的鬥爭

江西是農業大省，以稻穀生產盛名，百分之九十以上的居民從事農業勞作，但大部分土地卻掌握在少數地主手裡，缺地少地的佃戶和半佃戶占百分之七十一，地主對佃戶收租過高，每畝租

占六至七成，穀價又賤，每石僅售錢九百文，合銀四錢五分，僅夠買一件普通的洋襯衣。廣大農民基本上是處於飢餓和半飢餓狀態。而江西大米，南運北調，東挪西捐，全國哪裡有災情，哪裡少不了江西的賑濟，而江西本省有災，則自我調劑。區域觀念濃厚和並未達到溫飽的江西民眾，就曾多次自發地阻止糧食外運而激發「民變」事件，如一九〇六年奉新縣飢民禁阻穀物出境和一九一〇年吉安府居地禁阻米穀外運即是顯著的例子。[1]

一九〇五年前後，江西連年水災，波及面極廣，有時三十多個府縣同時發生災患，投機商人乘機囤積居奇，致使米價暴漲。農民向無積餘，買不起高價米，不得不鋌而走險，哄搶糧食，一時搶米風潮席捲全省。僅以辛亥革命的前一年為例，全省十幾個府縣發生搶米事件。一九一〇年，撫州農民萬餘人參加搶米，官府禁阻不住，官倉、富戶糧食基本上被搶奪一空。繼之臨江府樟樹鎮、廣信府玉山縣、湖口縣、義寧州等地，也先後發生聚眾搶米事件。[2]次年初，撫州府城再次發生 4.5 千人搶米風潮，凡囤積米穀殷富家庭及其米店，不被搶光，也被搗毀。樂安、永新、興國、臨川等縣農民也蜂擁而起，紛紛搶劫米店和富戶。[3]其他府縣也都發生規模不等的搶米風潮。江西搶米風潮的普遍發生，深刻地反映了農村經濟的崩潰和廣大農民的苦難。它和全國其他

1 張振鶴：《清末民變年表》上，《近代史資料》1982 年第 3 期。
2 同1。
3 同1。

省區如湖南、湖北、江蘇、安徽等地搶米事件相呼應，極大地動搖了清政府的黑暗統治。

如果說，搶米事件主要參加者還只是僅限於農民的話，那麼抗捐鬥爭則普及到各個階層，甚至包括一些比較開明的官僚階層。

江西稅捐之多，在全國首屈一指。一九○九年，御史胡思敬曾這樣奏稱江西的稅捐情況：「業之至穢至賤者灰糞有捐；物之至纖至微者柴炭醬醋有捐，下至一雞一鴨、一魚一蝦，凡肩挑背負，日用尋常飲食之物，莫不有捐」。農民負擔「漕糧、地丁、耗羨之外，有糧捐、有畝捐、有串票之捐；田畝所出之物，穀米上市有捐；豆蔬瓜果入城有捐，一身七、八捐」。[4]無業不有捐，無物不有捐，無人不有捐，無地不有捐，萬捐之中，尤以釐捐為首惡。江西各地，遍設釐卡，按規定是貨物逢百抽一，為一釐，一八五五年，江西設立釐卡，一開始就抽百分之五的稅。一八六○年，時為兩江總督曾國藩以軍需為名，奏請江西釐卡抽百分之十，且歸湘軍所有。爾後江西釐卡越設越多，卡卡抽釐，重複收稅，貨物抽到百分之三十至百分之四十，以致貨商不賈，貨源不暢，商竭民窮，怨聲載道。一八八○年，江西大規模裁減釐卡後，仍然存在大卡六十四處，小卡九十四處，收得貨釐（尚不含茶釐等捐）每年在一百萬至一百五十萬兩銀左右，有時高達二百五十萬兩銀，巨額釐稅，是江西所有稅收的大宗，構成江西財政

4　胡思敬：《退廬疏稿》卷一

的重要支柱。[5]

　以釐捐為主的各種稅捐，嚴重阻撓了商品經濟的發展，極大挫傷了廣大民眾互通有無的生活信念，加重了江西人民的經濟負擔，因而抗捐鬥爭到處發生。一九〇二年，贛州、萍鄉、德化等地群眾憤起搗毀釐卡，毆打差役，拒交捐稅。[6]官府不僅不從中反省，反而增設統捐局，加大徵稅收捐的力度，從而激起更多更大規模的抗捐鬥爭。一九〇三年，浮梁、瑞昌、新城、宜春、南昌等地群眾，連續搗毀統捐局；一九〇六年，瑞昌縣先後兩次發生搗毀稅卡、抗交釐捐的暴力行動，群眾鳴鑼列隊，合力抗擊官兵的鎮壓。[7]當時，規模最大影響最廣的是樂平抗捐鬥爭和袁州鄉民暴動。

　樂平縣是江西靛青的主要產區，自洋靛入口後，土靛難銷，價格暴跌，廣大靛農瀕臨破產。而樂平境內，統捐與釐金兩局並峙一方，遙遙相望，民之運貨出境者，此納彼輸，重疊收數，農民售靛，於途中有釐卡之捐，於縣署有掛號之費，於保甲局有查驗之費，售後又有所得之捐，交完各種稅捐，農民所得無幾，於是紛紛抱著「與其不得食而死，猶不如作亂而趨於死地」的決心，抗捐運動由此在全縣爆發。

5　羅玉東：《中國釐金史》香港大東圖書公司 1977 年版；《江西官報》丙午年（1906 年）第二十七期。

6　《清末民變年表》上，《近代史資料》1982 年第 3 期。

7　《辛亥革命前十年間民變檔案史料·江西部分》，中華書局 1985 年版。

一九〇四年九月，在會黨人物夏廷義的率領下，樂平群眾數百人進城，首先奪取保甲局所有槍彈，拆毀統捐局、釐卡、教堂等民憤聚集的場所。隨後群眾越聚越多，猛增至三千人，行動也愈演愈烈，全縣境內的緝私卡、鹽卡、釐卡被搗毀一空，縣衙遭焚燒，囚犯被釋放，各卡委員遭毆打，連護卡炮船兩艘也被擊碎。鬥爭持續兩個多月。十一月，九江道瑞徵率重兵前來鎮壓。夏廷義率領千餘人頑強抗擊清軍，最後歸於失敗，夏廷義本人遁跡。[8]

一九〇九年九月，袁州府宜春縣，因官紳勾結，增抽米捐，加之平日「所有柴、米、紙張、雜糧、菜蔬等項，凡民間所用，幾於無物不捐」，遂激起民變。數千群眾持械圍攻縣城，土炮對洋炮，雙方激戰四天整，傷亡達數百人。省府隨即調重兵馳援，起義群眾遭到鎮壓，數十名群眾被嚴懲，首禍知縣盧元弼僅被革職論處。[9]《東方雜誌》一九〇九年第十期為此專門發表了一篇評論文章，題目是《記江西袁州鄉民暴動事》。它總結事件發生根源時指出：「此次之暴動，其為積忿已久，鬱而莫遏，為鄉民至可憐，至不得已之舉動，並非有糾眾作亂之思想，而非釀禍之主名，專在官紳而不在鄉民，因昭然於人人耳目間，不可以一手掩者也。」

8　《東方雜誌》一卷七期；《中國科學院歷史所第三所集刊》第一集。

9　《辛亥革命前十年間民變檔案史料・江西部分》上冊，中華書局 1985 年版。

二　各地會黨的起義

　　會黨組織是清初以「反清復明」為宗旨而成立的祕密會社。它是現實社會制度的對立物，以集體的力量零星地挾制、不斷地破壞著現有制度；它有著反帝反封建積極的一面，也有擾亂治安、破壞生產消極的一面，它的存在成為整個清代最為嚴重的社會問題，許多較大的反洋教鬥爭、武裝起義以及搶劫財物事件基本上都與會黨組織有關。而會黨起事，不同於一般的「亂民」鬧事，它的政治色彩更具濃厚，且屬有組織、有預謀的集體行動。

　　近代中國的祕密會社主要有白蓮教和天地會兩大系統，「凡所謂聞香教、八卦教、神拳教、在禮教等以及種種諸教，要皆為白蓮之分系；凡所謂三合會、三點會、哥老會等以及種種之諸會，亦無一非天地之支派」，「白蓮之教盛於北，而洪門之會遍於南」，[10]太平天國革命失敗以後，哥老會成了全國性的最大祕密會社，主要盛行於長江流域。江西是哥老會的一大根據地，此外，江西還存在許多天地會的派系組織，如添弟會或千刀會、三點會、三合會，青幫、紅幫、黑幫、洪江會，也有白蓮教。添弟會、三點會等幫會都是天地會的衍名，或取同音異字，或借假避宗，或取旁首字義，如三點會意洪門會之「洪」字水旁，三合會意「氵」加二十一（共），青邦即慶邦之分支，似音訛，實則不敢妄同本會宗祖名，並避人耳目，少惹麻煩。會社稱謂繁多，但

10　《教會源流考》，見《辛亥革命》叢刊（三），上海人民出版社 1961 年版。

其性質如同一轍，姑統稱之為「會黨」。

江西會黨組織比較嚴密，且與湖廣、江浙互通聯繫。其首領稱老大哥或大爺，互稱則「袍哥」或「兄弟」，長期形成一套鮮為人知的江湖術語，外人一般難解其意，莫知其蹤。近代會黨勢力在江西發展迅速，一則江西不少會黨人物加入了湘軍隊伍，借勢宣傳擴散；二則江西商道改變，失業販夫船手猛增以及農業經濟日趨瓦解，大量生力軍參加了會黨組織；三則民族矛盾、階級矛盾加劇，只有會黨組織才能凝聚些力量對抗這些矛盾。因而到了辛亥革命前夕，省境各縣差不多都有一二個會黨人物或一二支會黨勢力，尤以贛南為甚。會黨標榜「反清復明」或「反清滅洋」，一直為官府所不容，搜捕鎮壓，從未停止，清廷多次頒行懲辦會匪章程，條例也極嚴厲，明示凡領受票布輾轉糾眾、散放多人、或在會中名目較大，充當元帥軍師，坐堂名目、有夥同搶劫情事者，即就地正法。[11]

但會黨起義並未因此而間斷過。江西許多反洋教鬥爭大都有會黨參與其事，抗糧抗捐鬥爭也有會黨人物的拋頭露面，各種罷工、武裝起義，少不了會黨人物的衝鋒陷陣，幾乎無事不有會黨的存在或影響，江西巡撫奏摺多次提到江西「風氣強悍」，「會匪常出沒其間」，「伏莽遍地，竊發堪虞」。[12]由此，會黨問題成

---

11 《辛亥革命前十年間民變檔案史料・江西部分》上冊，中華書局 1985 年版。

12 同11。

為江西當權者最為頭痛，最為棘手的事情。

全省各地會黨武裝起義，以辛亥革命前十年計，有案可查者不下二十餘次，尚不含會黨參與的反洋教鬥爭、抗糧抗捐和某些搶劫官財案件。這二十餘次會黨起義，主要發生在南昌、萍鄉、龍南、上猶、武寧、南安、萬載、饒州、臨川、都昌、虔南等縣，基本上是湘贛粵邊界境地，規模最大，影響最深的為萍瀏醴起義，其次為發生在臨川縣、大庾縣的兩次起義。

萍瀏醴起義下節另述，這裡僅述臨川、大庾兩縣起義。

臨川隸屬撫州，山綿林深，長期不絕會黨人物出入。一九〇六年，已有數十年會齡的康星田，在臨川創立崑崙山忠義堂，自稱山莊大元帥，宣佈其宗旨為「為國扶危，為民除害，不與民為仇」，[13]散賣票布，製造軍火器械，總管撫州、建昌兩府屬地之會事，會眾頗多。這年六月，康氏號令所屬，準備赴鄰縣南城劫獄奪犯，然後攻取縣城，當五六百人聚集榮山吳姓祠堂整裝待發時，為事先偵知的官軍所驅散，退至老巢茅排山，又被省城調來的重兵三面包圍，遂分散抗擊，相持兩個多月，康星田等會黨首領三十五人始遭捕獲，就地正法七人，監禁二十八人，臨川起義失敗。就在兩軍相持階段，縣境民眾或走避他鄉，或趁機搶劫銀米，全縣秩序大亂，而且波及鄰近數縣。

大庾縣（今大余）隸屬南康府，地處贛南，是為三點會聚集之地，且與湘粵會黨連通一氣，一九〇九年一月，粵境三點會大

頭目許淦耀、陳過房等密令大縣三點會大頭目張財潰、聶過聾及義和拳頭目陳萬琚等，商量同舉義旗，聯合起義。嗣後，廣東會眾數百人潛至大庾縣屬之五洞，據險架炮，儼然成一個大要寨，五營官軍及縣兵、鄉團，層層圍攻五洞，內河水師則防堵河路，另調九江駐軍馳往增援，準備一舉剿滅。正當形勢嚴峻時，廣東會黨千餘人奔襲江西崇義縣，兩路夾進，以長槍鳥銃為武器，擊潰官軍一個營，攻破官軍外圍包圍圈。接著乘勝挺進，一路直援大庾，一路進攻南康府城，意欲圍魏救趙。官軍不得不抽調一部分兵力回援。至此，全部會黨會師於大庾，挫敗了官軍合圍的目的，會黨聲勢浩大，又接連打了幾個勝仗，迫使官軍重新調整佈置，急調重兵進剿，步步為營，在起義軍糧盡彈竭之際，攻入五洞，起義的會黨餘部散逸，被緝捕會黨萬餘名，眾多會黨首領或陣亡或逃亡，或被捕，遭正法者九十五人。餘部散逸山林，起義最終失敗。[14]

　　各地無數次會黨起義，都同歸於失敗，其主要癥結就在於會黨本身。最初會黨組織尚有一個明確的奮鬥目標——反清復明，後來看到復明無望，反清也盲目了。加之內部組織派系林立，各行其是，行動不統一，號令不明確，以山大王為雄，以攻取一城一鎮為終，甚或以搶劫大戶為生，雖有「綠林好漢」美稱，不乏烏合鼠輩之嫌，在清廷高壓禁令和官軍嚴密防緝下，會黨組織往

---

14 《辛亥革命前十年間民變檔案史料‧江西部分》上冊，中華書局 1985年版。

往在舉事之先或密謀之時即遭追捕，逃命時日多，起義時日短，終難成大事。雖然會黨起義屢舉屢敗，卻在一定程度上打擊了清政府的統治，並使資產階級革命派將其看作一支重要的力量而加以聯合，以致在資產階級革命中，屢屢可見會黨的身影和貢獻。

三 「調查戶口」的風波

清末預備立憲，籌設議院，諸多具體事宜需要逐年籌備，調查人口總數即屬議程的一項。調查戶口一事，各省皆能依限辦理，尚屬順利，唯獨江西風波迭起，致生事端。

一九〇九年，全國進行了一次全面的戶口調查，江西成立統計處專理此事，責令各縣抽調專人分赴各鄉重新登記戶口，限令該年下半年完成這項工作。時間緊、任務重，不及廣泛宣傳、詳細解釋即倉促行事，強行登記，致生無數事端，工作甚是艱難，幾度中斷，險遭流產，幾乎沒有一縣、鄉例外。

南昌縣為省府之所，在調查戶口事件中，率先掀起風波。縣屬潭沙、香溪等處，見調查員赴境，誤以為官府要抽丁當兵或按人勒稅，遂聚眾阻撓，拒絕登記，行至米店，趁機搶劫一空，某鄉紳出面勸解，即遭毆辱，連房屋也被拆毀。沙埠塘地方，數百鄉民將調查員毆傷垂斃，致遭重兵彈壓。西鄉黃家渡，以舉人吳舒蕙為調查員，鄉民不明所以，擁聚該舉人家，搗毀家什器件，勒還表冊及戶口姓名簿據，當即銷毀。其他如社林崗、吉坊、王家渡、早田鄉等地，同樣發生反抗風潮，有的甚至謠傳：人名一

旦寫入表冊，七日內必有死傷血光。許多民眾信以為真，除索還表冊外，還要調查員、鄉紳具結，保全村人民無恙，否則將調查員活埋，嚇得調查員紛紛逃避縣城，中止調查。

豐城縣境兩百餘里，共分九坊，只有一坊未發生調查戶口風波，第七坊萬餘婦女圍追調查員，阻撓其登記戶口，第一、五、六坊鄉民，誤信編查戶籍，為徵兵抽稅造冊，甚至誤信徵兵為蒸兵，即將來不免受釜甑之苦；或謠傳興修鐵路，必須許多人的靈魂鎮壓，鐵軌始得安穩等等謠言，導致人人驚懼，群起而反對戶口調查，滋生許多過火的行為，以致慘劇環生。

安義縣調查員余承志，被鄉民用繩繫頸吊打；另一調查員龔傑士，為鄉民逐入深山，露宿兩晚後，偷偷返家，又被鄉民發現，竟被挖去其雙目。[15]

其他如臨川、崇仁、新昌、高安、臨江、安福等縣都發生反對調查戶口的風潮，情形大致雷同，結局基本上是調查員人遭打、家被毀，戶冊被火燒。由於廣大民眾的極力反對和百般阻撓，全省戶口調查一事舉步艱難。省府不得不派重兵挨縣鎮壓，強行登記戶口。有的縣如安福、豐城、寧都等甚至發展到武裝對抗官軍的鎮壓。[16]

僅因調查戶口之事，一九○九年全省無一處安定，人心惶惶，社會動盪，產生這種風波，大致有以下三種原因：

15　《東方雜誌》1909 年第 8 期。
16　《東方雜誌》1909 年第 9、10 期。

首先是傳統觀念因素，清初康熙年間，規定「聖世滋丁，永不加賦」，即以後無論增添多少人，賦稅總數不增加，而且把當時丁銀數全部攤入到地租裡面去，即「攤丁入畝」，這個規定一直被延續下來，造成全國人口猛增，嘉慶時全國人口已過三億。因為增人不增稅，故清朝對戶口登記，清理諸類事從未認真管理過，百姓添丁也從未被人約束過。這次戶口調查突然進行，無疑令百姓思想轉不過彎來，致生許多無稽猜測，甚或附會迷信，加劇了鄉民的困惑。

其次是官民之間的對立情緒長期嚴重地存在著。江西苛捐雜稅特多，居全國之冠，尤以釐金為重，百姓怨聲載道，長期得不到解決，影響官民關係；江西會黨組織多，活動頻繁，與廣大群眾有相當的聯繫，官府對之鎮壓也殘酷，影響官民關係二；江西反洋教鬥爭頻繁，官府欺民媚外，結案都是喪權辱國，影響官民關係三；吏治腐敗，官員欺良壓善，有失父母官正道，一省之長巡撫尚且不關心政務，只圖享樂（如德馨溺戲），下面官吏傚尤更甚（如南昌知縣酗酒事），[17]百姓敢怒不敢言，影響官民關係四……此次戶口調查，百姓以為官府又在玩什麼花招，牴觸行為自然爆發，也不足為怪。

再次是戶口調查之先，宣傳不夠，解釋不清，而且時間又緊，草率行事，致有強行登記或祕密造冊之事，群眾更生懷疑，起而阻之。

---

17 《光緒朝東華錄》，光緒十二年四月上諭。

時人對江西調查戶口風波有過這樣的感嘆:「官民之間平時隔絕已久,今未施信於民,而強使民信,遂以致種種之煩憂。」[18]

而所有這些現象的根本,是近代以來江西社會的各種矛盾日益激化,清朝政府的統治已從根本上被動搖,難以為繼了。

第二節 ▶ 革命組織的成立

辛亥革命前夕,大批有志之士,特別是留學歸國人員,為推翻清朝統治,積極奔走呼喊革命。隨之,革命組織如雨後春筍,相繼成立。江西即是革命組織成立較早的省份之一。

早在同盟會成立之前,湖南華興會、上海光復會、江西自強會、易知社、安慶武毅會等革命組織於一九〇四年先後成立。它們宣傳革命道理,鼓動革命行動,為各地反清武裝起義,做了大量的先導工作,在辛亥革命運動中,功不可沒。

一 易知社的成立

江西自強會,史料記載不詳,而易知社的成立,散見於許多史籍。一九〇四年四月,張惟聖、鄧文翬(或曰鄧文輝)聯絡武

18 《東方雜誌》1909 年第 8 期。

備學堂、測繪學堂、客籍學堂、陸軍小學及南京兩江師範江西籍的師生，共六十餘人，在南昌皇殿側汪建綱家中發起成立易知社，共推張維聖為社長，虞維煦為副社長（鄧文翬因赴日留學而未與職）。旋即會址遷到洪恩橋席公祠內。一九〇五年，由於南昌義務女校校長蔡敬襄及教員蔡覺羨，蔡蕙等人的加入，會社又遷到女校。易知社會員主要骨幹有：彭素民、熊會福、蔡復靈、周養浩、張維和、姜伯彰、蕭家修、汪建綱、李儒修、丁立中、蔡銳霆、汪紫閣等，會社明為民間文化團體，經常聚集以詩文相唱和，暗地進行革命宣傳活動，介紹革命讀物，並祕密再版和代銷《革命軍》《警世鐘》等熱門書籍。同時，該會還與湖南華興會取得祕密聯繫，互通革命信息。一九〇六年，南昌教案發生，南昌知縣江召棠被法國傳教士王安之刺殺。事發當天，易知社會員緊急印發大批傳單四處張貼，揭露洋教的禍害及傳教士的種種妄為，大大激發了廣大群眾的義憤，致南昌所有洋教士被追打，王安之被毆斃。

　　一九〇九年，全體會員加入共進會，宣告易知社的結束。

二　共進會的成立

　　一九〇七年，湖南焦達峰、劉揆一，四川熊克武，江西鄧文翬、曾真等留學生在日本東京發起組織共進會，專司聯絡會黨，組織反滿聯盟，擴大革命力量。作為共進會的主要發起人，焦達峰本是同盟會的調查部長，會社組織編制等皆仿照同盟會例，並

認同同盟會總理為共進會的總理，只是將「平均地權」改作「平均人權」，故共進會實為同盟會的分支機構或外圍組織。

一九○九年九月，鄧文翬由日本回到南昌，邀集易知社會員及鄒繼龍、陳培之等共同創辦江西共進會。十一月十五日，共進會在義務女校召開成立大會，宣佈章程及會員名單後，即共同宣誓並「歃血為盟」。會議推選鄧文翬為會長，虞維熙、丁立中為副會長，蔡敬襄、洪熏琴、汪建綱、蔡銳霆、周速波等為理事，會員除了易知社成員外，還新增加了一批熱血青年。

江西共進會的每個會員證內印有十一條會規，如：本證不得外窺；會員應服從本會宗旨，擁護本會政策，響應本會號召，忠於本會事業；會員應有堅毅的意志，不為利誘，不為威屈；會員不應想做官，即使為官也不應忘記本會宗旨，公平治政，不以勢壓人，不圖個人享受，應當親民愛民；會員不應想發財，要公正理財，不能搾取他人利益，據為己有；會員應多做好事，或辦實業，或興學校；會員對全國人民，除當政權貴外，應一律平等，以禮相待等等。[19]

共進會成立後，創辦《漢江日報》，積極宣傳本會宗旨，以學校、農村為重點，主要傳播「驅除韃虜，恢復中華」的革命思想，鼓勵推翻滿清統治。同時，廣泛聯絡各地會黨。密謀起義，並派會員加入新軍，暗地策反軍隊，蓄積革命力量。辛亥革命爆發後，共進會會員積極投身於革命鬥爭。江西光復後，因工作需

19 《辛亥革命回憶錄》（四），中華書局 1981 年版，第 347 頁。

要，主要會員各奔東西，共進會遂不宣而散。

三　同盟會江西分會的成立

　　一九○五年八月二十日，孫中山、黃興、宋教仁等在日本東京成立中國同盟會，確立「驅除韃虜，恢復中華，創立民國，平均地權」的綱領。這表明它不同於以往任何革命組織，具有資產階級政黨的性質，很快就成為當時全國革命運動的中心。

　　江西留日學生李烈鈞、張華飛（原名張世膺）、陳榮格參加了中國同盟會的籌建工作。隨後，曾真、黃鐸、鐘大群、張惟聖、鄧文翬等江西留日學生也先後參加同盟會。[20]

　　同年，孫中山委派黃格鷗、魏會英由日本返回江西，籌建同盟會江西分會。一九○六年，江西同盟會在南昌賜福巷正式成立，黃格鷗任會長。當時的江西，革命思想已廣為傳播並深入人心，聞知江西同盟會的成立，紛紛參加，有的舉家加入，如蔡復靈、蔡銳霆、蔡惠兄妹及其母親劉大慈等，同時入會，後膺「一門義烈」。[21]同盟會主要骨幹如李烈鈞、張世膺、彭儉、鄧文翬等，對革命都有不同程度的貢獻。

　　江西同盟會在南昌成立後，先後在贛州、高安、宜豐、萬

20　張玉潔：《清季的革命團體》，臺北中央研究院近代史所 1982 年版，　　第 314 頁。

21　《辛亥革命在江西》，江西人民出版社 1991 年版，第 172 頁。

載、銅鼓、峽江、新淦（今新幹）、豐城、樟樹、臨川、宜黃、崇仁、永新、李家渡、棠陰等十餘處設立分會。各分會在南昌總會的統一領導下，創辦印刷工廠、報紙、學校，大量散發《革命軍》《猛回頭》和自己創辦的《民報》《江西》等革命書刊，宣傳革命思想，開展革命活動，積極發展會員，聯絡新軍和會黨。尤其是李烈鈞自中國同盟會派遣回贛後，利用擔任江西第五十四標第一營管帶的身分，「時以革命思想灌輸之」，使江西新軍的每個鎮、協、標、營、隊中，都有同盟會員，連同「省垣各學學堂優秀學生，加入同盟會達數百人」。[22]

江西的革命組織，除自強會、易知社、共進會、同盟會之外，還有吉安的興中會分會，宜豐的我群眾社，南昌的丈夫成城團等。所有革命組織，都以推翻清朝統治為「職志」，[23]廣泛開展革命活動，先後創辦《江西》《民報》《新白話》《漢江日報》等革命報刊，「以開通風氣，翦除弊俗，灌輸最新學說，發揚固有文明，以鼓舞國民精神為唯一之宗旨」。[24]眾多革命組織的成立，為江西辛亥光復的迅速，打下了良好的基礎。

---

22 《李烈鈞文集》，江西人民出版社 1988 年版，第 798 頁。
23 民國：《江西通志稿》第三冊，第 122 頁。
24 《江西》第一冊（上），創刊號，1908 年 7 月。

第三節 ▶ 萍瀏醴起義

　　一九〇六年十二月爆發於江西萍鄉、湖南瀏陽、醴陵的萍瀏醴起義，是中國同盟會成立後領導的第一次大規模的武裝起義，也是辛亥革命前夕眾多武裝起義中，率先楬櫫「中華國民軍」旗號，以推翻清朝封建統治為目的的革命行動。

一　起義的醞釀與發動

　　一九〇六年春，留日學生劉道一、蔡紹南（萍鄉人）奉東京同盟會總部派遣，回到湖南，「運動湘軍，重整會黨」，[25]組織和發動反清武裝起義。

　　當時的萍瀏醴地區，會黨門派林立，有龔春台、肖克昌、馮乃古為首的哥老會，會眾數千人，分佈於安源煤礦和萍鄉與醴陵交界的鄉村；有姜守旦（永豐人）為首的洪福會，會眾數千人，分佈於瀏陽東部地區和與萍鄉交界的桐木等地；有廖叔寶（萍鄉人）為首的武教師會，會眾千人，分佈於萍鄉上栗市一帶。此外，還有一些組織規模較小的會黨組織。這些會黨組織，皆以「反清滅洋」、「反清興漢」為宗旨，目標雖然一致，但各立山頭，互不統屬。劉道一、蔡紹南反覆奔走遊說各會堂，說明革命的目的在於求全民族的自由解放，而非個人的爭雄稱霸。「會黨受其感化，益奮發鼓舞」，[26]「從此革命風潮一日千丈，其進步

25　《萍瀏醴起義資料彙編》，湖南人民出版社 1986 年版，第 9 頁。
26　《革命之宣導與發展》，見《中國同盟會》（三），第 25 頁。

之速，有出人意表者矣」。[27]

這年夏，劉道一約集革命同志蔣翊武、蔡紹南、龔春台、劉重、劉崧衡等三十八人在長沙水陸洲船上祕密聚會，準備利用會黨組織，「組成整齊軍隊，發難於瀏醴，而直撲長沙，各軍隊反戈相應，占據省垣重地」。[28]這次會議，基本上確定了萍瀏醴起義的策略方針、具體步驟和起義時間等重大問題。

水陸洲會議後，革命黨人蔡紹南迴到江西萍鄉上栗市原籍，積極聯繫會黨。他通過「富甲一鄉」的兒時朋友魏宗銓，約集萍瀏醴地區哥老會首領龔春台、肖克昌、沈益古、李金奇等百餘人，在萍鄉蕉園秘會，議定以湘、鄂、贛、閩數省份布較廣的洪江會為基礎，聯合哥老會和武教師會，組織相對統一的「六龍山洪江會」，推舉龔春台為大哥，以忠孝仁義堂為最高機關，以「全勝紙筆店」為掩護。會議號召各路碼頭官，分赴各地，開堂散票，發展組織，規定：凡入會者，「當飲雄雞血酒宣誓，誓詞云：『誓遵中華民國宗旨，服從大哥命令，同心同德，滅滿興漢。如渝此盟，人神共殛』」。[29]接著又宣讀會門誓詞：「六龍得水遇中華，合興仁義四億家，金相九陣王業地，烏牛白馬掃奸邪」。禮畢，發佈票一張。這一切表明，他們仍然保留著會黨的傳統的落後形式，又在一定程度上接受了資產階級革命的影響。

---

27 《孫中山全集》（六），中華書局 1981 年版，第 237 頁。

28 劉揆一：《黃興傳記》，見《辛亥革命》（四），第 285 頁。

29 章開沅：《辛亥革命史》中冊，人民出版社 1976 年版，第 231 頁。

·上海《時報》載萍瀏醴起義資料

在蔡紹南、龔春台等人的宣傳鼓動下，許多工人、農民和手工業者紛紛入會。數月間，洪江會成員遍及萍鄉、宜春、分宜、萬載及瀏陽、醴陵等縣。會員日眾，革命情緒益高，官府緝偵也日緊，以致於龔春台幾次集議起義事情而未果。

一九〇六年十二月二日晚，蔡紹南、龔春台、魏宗銓等再次召集各路首領（碼頭官）緊急開會，商議起義時間問題。會議主要負責人如蔡紹南、龔春台、魏宗銓等認為軍械不足，與長沙劉道一又失去聯繫，主張稍緩舉事，「以待後援」；而原武教師會首廖叔寶、饒有壽及眾多碼頭官主張立刻起義，「盡可一決勝

負，堅持不再拖岩」。[30]雙方相持不下，至天明，會議仍未決定。而此時，會眾愈聚愈多，終宵擾攘，莫知所從。廖叔寶不願再行遲疑，自率二三千人集合於萍鄉麻石，高舉「大漢」白旗，率先舉事。事已至此，蔡紹南、龔春台等人遂緊急檄告各處會眾，定於一九〇六年十二月四日同時發動起義。就這樣，醞釀已久的萍瀏醴大起義，比原定計劃提前一個多月而終於爆發了。

二　起義的經過

起義爆發後，洪江會起義軍定名為「中華國民軍南軍革命先鋒隊」，以龔春台為都督，蔡紹南為左衛都統領兼文案司，魏宗銓為右衛都統領兼錢庫都糧司，廖叔保為前營領帶兼急先鋒。起義軍以「奉中華民國政府命令」的名義，發佈「中華國民軍起義檄文」，主張推翻專制政體，建立共和民國，實現地權平均。[31]起義的第二天，龔春台率義軍二萬餘人，分三路向上栗市進發並占領之，繼而向瀏陽挺進，直逼長沙。沿途會眾及安源煤礦工人紛紛加入義軍，瀏陽的洪福會、醴陵的洪江會及眾多陶瓷工人和部分巡防營士兵也起義響應，一時起義部隊聲勢浩大，引起湘贛官府的恐慌，集力鎮壓，以致戰鬥殘酷而激烈。

十二月八日，龔春台率主力進發瀏陽後，留守上栗市的起義部隊只有五六百人。駐江西的清軍，乘此空虛的機會，集中兵

30　《萍瀏醴起義資料彙編》，第62頁。

31　《江西文史資料選集》第6輯（1983年），第6頁。

力，重點進擊，苦戰半月，先後攻占上栗市和宜春等處義軍據點。萍鄉縣安源，本是起義軍計劃中的根據地，有會眾六千人，多為安源煤礦和株萍鐵路工人。由於安源經濟產業的重要性，清軍在此向來重點防護。十二月七日，醴陵會黨頭目袁蘭亭奉命去安源與肖克昌聯絡，不幸被捕，使安源與醴陵之間失去聯繫。隨後，肖克昌又被誘捕致殺，群龍無首，致使安源工人未能在這次大起義中發揮戰鬥作用。

進擊瀏陽的起義軍主力，遭到事先偵知的清軍阻擊。憑藉精良的武器和豐富的作戰經驗，清軍一舉擊潰龔春台所率領的義軍主力，龔部退守牛石嶺，又遭遇清軍密集的步槍射擊，手持木棒刀矛的義軍，「自辰至午，連死並逃，已去十之九人」，[32]起義終陷失敗，龔春台、蔡紹南等亡命匿散，魏宗銓與廖叔寶被捕就義，姜守旦率餘部退入江西義寧縣（今修水縣）堅持戰鬥，到次年一月十四日，義軍全軍覆沒，姜守旦下落不明。同時，醴陵義軍也在清軍的鎮壓下，敗散各處。至此，轟轟烈烈的萍瀏醴大起義最終失敗。

綜其失敗原因，主要有以下幾點：一是會黨組織不統一。會黨是這次起義的主要依靠的力量，但會門眾多，互不統屬，各自為政，不能互相配合，形成不了整合的戰鬥力。二是起義準備不充分，起義前，革命黨人與會黨首領內部意見不統一，以致於有的自行起義，有的倉促響應，缺乏統一指揮。三是起義軍力量不

足。起義隊伍雖有三四萬人，但未經訓練，且沒有富有作戰經驗的領導者，加之武器低劣，抵擋不了裝備精良的清軍的進攻，終因寡不敵眾而被各個擊破。

三　起義的影響

萍瀏醴起義，自一九〇六年十二月四日正式爆發，到一九〇七年一月十四日最後失敗，歷時四十餘天，大小戰鬥十餘次，先後起義戰鬥的義軍達三萬餘人（安源 6000 工人除外），橫掃江西省的萍鄉、宜春、萬載和湖南的瀏陽、醴陵五個縣，戰鬥涉及湘潭縣、義寧縣，波及面大，誠如江西巡撫所奏：「該匪初起，勢甚猖獗，所到之處，脅民為匪，云集響應，未到之處，謠言四布，人心惶惶」，[33]江西諸多地方，民眾「多燃爆竹相迎」，[34]在很大程度上動搖了清政府封建統治根基。

萍瀏醴起義是同盟會領導的具有資產階級民主革命性質的大起義。在此之前，革命黨人也組織發起了幾次武裝鬥爭，如一九〇二年洪全福領導的廣州起義，一九〇四年華興會領導的長沙起義等，樹「大明」、「興漢」旗，不脫會黨羈絆，與傳統農民起義無本質區別。而此次萍瀏醴大起義，開宗明義宣揚推翻滿清統治，建立中華民國，第一次把同盟會「驅除韃虜，恢復中華，建

33　《萍瀏醴起義資料彙編》，第 162 頁。

34　《萍鄉縣致贛撫電三則》，見《辛亥革命》（叢刊）第二冊，第 484 頁。

立民國，平均地權」的政治綱領，付諸於革命實踐，熟知中國歷史的毛澤東指出：「中國反帝反封建的資產階級民主革命，正規地說起來，是從孫中山先生開始的。」[35]而孫中山民主革命思想的形成，是以同盟會成立為標誌的，萍瀏醴起義則是為實現同盟會政治綱領所作的首次努力和嘗試。當時嗅覺敏銳的報刊深刻體味到這次起義的不一般性，紛紛發表評述，認為「此次暴動，比一般無關重要的騷亂可怕得多」，「此次事變的嚴重性，遠遠超過一次地方性的騷亂」，[36]起義軍「無打教堂、殺洋人之舉，其情狀甚非小可」，[37]等等。從資產階級民主革命的全過程看，萍瀏醴起義肇其始，辛亥革命竟其功。

第四節 ▶ 辛亥革命在江西的勝利

「野火燒不盡，春風吹又生」，萍瀏醴起義雖然失敗了，但同盟會組織反清鬥爭卻一刻未停止過。從一九〇七年五月至一九〇八年四月，同盟會在華南及沿海地區連續發動了六次武裝起義，一九一〇年二月，同盟會又發動了廣州起義，四月，繼之發動廣州黃花崗起義，最後於一九一一年十月十日在武昌發動了「辛亥革命」（因辛亥年得名），十三天后，江西起而響應，九江

---

35 《毛澤東著作選讀》第 298 頁，人民出版社 1986 年版。
36 《捷報》1907 年 5 月 30 日。
37 《宋教仁日記》第 5 卷，1906 年 12 月 16 日記。

宣佈獨立。

一　九江獨立

九江之所以在江西首先響應武昌起義，這是與其地理位置和革命覺悟分不開的。九江是江西門戶，倚匡廬而枕長江，上接武漢下通滬寧，交通發達，信息靈通，風氣早開。同盟會在九江早已暗設組織，林森（福建人）、吳鐵城（廣東人）等革命黨人在九江活動頻繁，經常約集九江有志之士如陳中瑞、蔡公時、徐秀鈞、吳照軒等人秘會，進行革命活動，並創辦報社，積極與外省聯絡，輸入革命書報，鼓吹革命思想。

當時，九江革命黨人有鑒於萍瀏醴等歷次起義失敗的教訓，認為「會黨發動易，成功難，即成則悍難制，不成則徒滋騷擾」。[38]於是，他們把工作的重點轉移到發動新軍方面。當時，駐九江的新軍，有南京派來的第五十三標（標統馬毓寶）和南昌派來的第五十五標兩個營。革命黨人與第五十三標官佐劉世鈞、何燮桂、顧英、黃錦龍、丁仁傑、胡愛德、陳廷訓等取得聯繫，經常密議，醞釀起義，準備與武昌同時發難。尤其值得一提的是，畢業於江西武備學堂、留學日本並參加同盟會的李烈鈞，在五十三標中有許多同學和同事，他利用這種聯繫，積極聯絡策反，使革命力量在新軍中得以壯大和發展。

一九一一年十月十日，武昌起義爆發，九江革命黨人立即聯

38　李廉方：《辛亥武昌首義記》，卷上，精華印書館 1947 年印，第 4 頁。

絡力量，與南昌互通聲氣，加強活動，並勸說第五十三標馬毓寶參加起義。十月二十二日，突聞湖南響應武昌起義，宣告獨立，九江革命黨人即於當夜密會，定於次日發動起義。

十月二十三日晚八時，岳師門外金雞坡砲臺首目陳廷訓發炮三響，城內新軍各營發三槍回應，起義正式開始。起義軍手纏白布，上印「同心協力」，占據隘道，先攻道署。九江道恆保逃入租界，轉遁上海。接著分隊進攻各衙署，九江知府璞良（滿人）率僕人手持棍棒抵抗，被起義軍捕殺。繼之攻打提法使行轅，提法使張儉隻身逃回省城，其衛隊四十人歸順革命軍。第五十五標標統莊守忠不贊成革命，無奈部下不聽其號令，只得潛逃而去。革命起義軍一舉占領九江全城。清軍湖口總鎮楊福田調集炮艇對抗，被起義軍擊敗，湖口砲臺、彭澤的馬當砲臺、九江上游的田家鎮砲臺相繼被起義軍一一占領。

十月二十四日，九江軍政府正式成立，公舉馬毓寶為都督，頒發佈告，文意與武昌起義文告略同，宣告了清朝封建統治在九江的結束。

九江獨立後，九江軍政府採取一系列整頓秩序、恢復穩定的措施，警察照常維持秩序，郵局照常運轉，商店照常開業，學校照常上課，乘機搶劫者，就地正法，「商民悅服，貿易如常」，「故九江臨時政府財力極為豐裕，足供六個月之需用」。[39]

39 《申報》1911 年 10 月 30 日。另附註：九江起義時，從道庫搜獲白銀10 餘萬兩。

九江獨立後的第三天，李烈鈞來到九江，擔任九江軍政府參謀部長。他一上任，立即命令九江沿江砲臺封鎖長江，攔截上行清軍船隻，支援武昌革命，同時，肅清內奸，消除隱患。當時清海軍提督薩鎮冰，深感鎮壓無望，大勢已去，乃令黃鐘英率艦隊下駛，擬赴上海。經過九江，被炮火封鎖，遂掛白旗，表明合作。經李烈鈞多方工作，黃鐘英統率的海籌、海容、海深三艘巡洋艦，楚同、楚有、楚謙、楚豫、江元、江亨、江利、江貞八艘砲艦及湖鵬、湖鶚兩艘魚雷艇全部歸順九江軍政府，這樣，清政府的全部海軍便在九江參加革命了。馬毓寶隨即任命李烈鈞為海陸軍總司令。

九江繼湖南、陝西之後，是全國第三個宣佈獨立的地方。不僅如此，它占領砲臺封鎖江面，招降海軍，有助於解除清軍對武漢的威脅。九江的獨立，對皖蘇兩省的迅速光復，特別是對江西省會南昌的迅速光復，產生了巨大影響，書寫了辛亥革命重要的一章。

二 南昌光復

九江獨立後，全省人心震動，南昌更是「山雨欲來風滿樓」，同盟會員革命活動也更加積極。

早在一九〇六年，孫中山便派黃格鷗、魏會英等回江西建立同盟會支部，當時江西人民因受「維新失敗」和「南昌教案」等事件的影響，加之革命書刊的大量輸入，很多人同情、理解革命，並願參加革命，故加入同盟會的人很多，組織發展很快，各地普設分會。同年，江西編練新軍，不少會員投入新軍，如李烈

鈞、歐陽武、胡謙、方先亮等，先後任新軍各營管帶，許多官兵富有革命思想。可以說，辛亥革命前夕，新軍幾乎全掌握在革命黨手裡。再加上夏之麟領導的江西陸軍小學、俞應麓領導的測繪學堂和彭程萬領導的測量司學員，共四五百人，富有革命意志，受過軍事訓練，並配發槍枝彈藥，他們和新軍結合在一起，醞釀革命起義。

武昌起義後，丁立中受武昌同盟會負責人孫武之命，潛回南昌，祕密策劃起義。他很快與南昌革命黨人取得聯繫，加緊聲援武漢的起義準備。

面對洶湧澎湃的革命形勢，江西巡撫馮汝騤採取多種安撫辦法，企圖扼殺革命。首先，他許諾，從十月起，在省官兵一律發雙薪，以此收買軍心；其次，他對已暴露身分的革命黨人，不是像以往一樣捕而殺之，而是派人勸說軟化，直到軟禁，如新軍混成協協統吳介璋因鼓動革命即被軟禁。

官府的懷柔政策，阻滯不了革命的發展。十月二十五日，九江獨立的消息在南昌傳開，《江西民報》、《自治日報》等紛紛刊登革命最新動態，大造革命輿論。十月三十日，《自治日報》發表題為《滿城風雨近重陽》的社論，文章開頭一句就是「滿清政府從此長辭矣！」市民爭相傳閱，而官府驚恐不已。

十月二十八日，江西同盟會在南昌城外秘會，決定十月三十日晚上武裝起義。至三十日晚十一時，新軍騎兵營排長蔡森，率隊爬牆入城，打響第一槍。炮營熊天覺、馬營方先亮、李伯年等即時響應，撫院衛隊和警察，則火燒撫院兩側的鼓樓、旗杆等，並打開城門，接應起義軍入城。方先亮、蔡傑、宋炳炎分率騎兵

營、工兵隊和輜重隊蜂擁進城，分頭占領各要點，同時進占撫院和藩臬兩署。奉令前來彈壓的上饒防營當即投降革命軍。至三十一日中午，南昌全城光復，兵不血刃。

南昌光復的當晚，省城各界集會，擬請巡撫馮汝騤擔任都督，馮力辭並自願交出印信後，偕提學司王同愈、高等檢察廳廳長袁勵忠等然離昌北上，行至九江，被挾持上岸，住花園招待所，不數日，即吞鴉片自盡。

十一月一日，同盟會召集各界負責人（60 餘人）在萬壽宮商會舉行會議，決定：通電全國，宣佈江西獨立；推舉陸軍協統吳介璋為江西都督，劉鳳起為民政部長，熊天覺為參謀長，雷恆為財政部長，李瑞清為文事部長。當天，吳介璋正式宣佈就都督職，至此，江西軍政府正式成立，它標誌著清朝在江西的統治最終結束。

吳就任都督後，以鐵血十八星旗代替國旗，改行黃帝紀年（辛亥年為黃帝紀元 4609 年），廢除作揖、跪拜的封建陋習，剪掉滿清標識的長辮，查抄貪官污吏的財物，同時擴軍購械。這些措施，並未引人振奮。相反，一些有實力的革命黨人，不服吳任都督，形成一股反吳勢力，吳被迫辭職，任都督僅十三天。彭程萬（時任江西測量司司長）接任江西都督後，局面仍然混亂。據歐陽武回憶說：「我找到彭都督的辦公室，看見好多軍官包圍彭都督，要他寫條子，這個要錢，那個要官，鬧得不可開交……當時江西光復後除在南昌的稱為全省都督外，在九江的稱為九江分府都督，廣信、贛州兩地也是一樣，各占一方，形成割據。各截留所轄縣分的錢糧釐卡款項作為軍餉，不足的還要向省城都督府

要⋯⋯彭都督在這種混亂局面下，無法維持地方治安。」[40]彭旋即也自動辭職，任都督僅三十天。

為了謀求江西省政的統一，江西軍政府推舉馬毓寶繼任都督，取消地方都督。馬身體多病，政務廢弛，且懦弱無能，民怨沸騰，一致要求撤換都督。一九一二年三月十九日，李烈鈞在南京政府的任命下，正式就任江西都督，是為江西第四任都督。在李烈鈞的大力整頓下，江西社會秩序才逐漸穩定下來。

三　全省光復

九江的獨立，尤其是南昌的光復，對江西全省各地而言，猶如「一發系全身」，直接帶動了各地的迅速光復。

袁州府（今宜春，時轄宜春、萍鄉、分宜、萬載4縣）革命黨人餘輝照、胡謙等，聞知九江獨立消息後，即密議響應，被駐軍標統齊寶善發覺。齊密電巡撫馮汝騤，馮正行懷柔政策，乃電復「官心已不可靠，民心復不可恃，萍鄉不能遏制，望體貼兵心民心辦理」。[41]新軍官兵見此電文，感受鼓舞，立即全體剃去髮辮。繼而得知省會南昌獨立，革命黨人遂運動新軍，於一九一一年十一月三日宣佈袁州獨立，推舉新軍管帶胡謙為袁州都督，余

40　《江西光復和二次革命的親身經歷》，見《辛亥贛革命回憶錄》（四），第311頁。

41　余輝照：《贛西獨立記》（稿本）。

照輝為參謀長，組成袁州軍政府。

贛州地區早在辛亥革命前，即有革命組織贛學社，該組織創辦報社，暗中鼓吹革命，密謀推翻清朝統治，並籌辦民警商團，向警察局借來步槍八十支，用以「維持地方治安」，充實武力。南昌光復後，贛學社即於十一月四日召開各界代表會議，為民請命，要求贛南兵備道吳慶燾反正。吳執迷不悟，且聲言如有革命暴動者，當格殺勿論。贛學社運動邊防營統領劉槐森、贛南寧鎮總兵趙午凱、銀錢票券管理所總辦林祖炘和各工商團體，結成革命聯盟。吳慶燾偵悉起義在即，密令衛隊營長施仁彪率兵捕殺贛學社會員，施不為，吳慶燾見大勢已去，遂逃離贛州。十一月六日，贛州各界代表舉行大會，公推劉槐森為贛南分都督，贛學社會員張周垣為國民分會會長，宣告贛南獨立。五天后，贛南都政府決定出兵北上，支援武漢，後因餉械不足而未果。

幾乎與贛南同時，饒州府也宣告獨立。至此，江西全省均告光復。

江西全省的迅速光復，一是受武昌起義的鼓舞，二是江西眾多革命組織基本上控制了新軍，積蓄了革命力量。它標誌著江西的民主革命進程步入了嶄新階段。同時，也暴露了中國資產階級革命的軟弱性和不徹底性，舊軍閥官僚搖身一變而成為革命黨人，並掌握革命權力，據有革命果實，致使政局繼續動盪不安，這是江西的病症，也是全國的通病，這是辛亥革命的不足，也是整個資產階級革命的不足。

江西文庫 A0701A29

江西通史：晚清卷　中冊

主　　編　鍾啟煌
作　　者　趙樹貴、陳曉鳴
責任編輯　楊家瑜

發 行 人　陳滿銘
總 經 理　梁錦興
總 編 輯　陳滿銘
副總編輯　張晏瑞
編 輯 所　萬卷樓圖書股份有限公司
排　　版　菩薩蠻數位文化有限公司
印　　刷　百通科技股份有限公司
封面設計　菩薩蠻數位文化有限公司

出　　版　昌明文化有限公司
桃園市龜山區中原街 32 號
電話 (02)23216565
發　　行　萬卷樓圖書股份有限公司
臺北市羅斯福路二段 41 號 6 樓之 3
電話 (02)23216565
傳真 (02)23218698
電郵 SERVICE@WANJUAN.COM.TW
大陸經銷　廈門外圖臺灣書店有限公司
　　　　電郵 JKB188@188.COM

ISBN 978-986-496-337-9
2018 年 1 月初版
定價：新臺幣 300 元

如何購買本書：
1. 轉帳購書，請透過以下帳戶
　　合作金庫銀行　古亭分行
　　戶名：萬卷樓圖書股份有限公司
　　帳號：0877717092596
2. 網路購書，請透過萬卷樓網站
　　網址　WWW.WANJUAN.COM.TW
大量購書，請直接聯繫我們，將有專人為您
服務。客服：(02)23216565 分機 610

如有缺頁、破損或裝訂錯誤，請寄回更換

版權所有·翻印必究
Copyright©2016 by WanJuanLou Books CO., Ltd.
All Right Reserved　　　　Printed in Taiwan

國家圖書館出版品預行編目資料

江西通史 晚清卷 / 鍾啟煌主編. -- 初版. --
桃園市：昌明文化出版；臺北市：萬卷樓
發行, 2018.01
　　冊；　公分
ISBN 978-986-496-337-9 (中冊：平裝). --
1.歷史 2.江西省
672.41　　　　　　　　　　107001902

本著作物經廈門墨客知識產權代理有限公司代理，由江西人民出版社授權萬卷樓圖書
股份有限公司出版、發行中文繁體字版版權。